U0514946

常彝

浣竹主人藏明清铜炉铜文房 下册

浣竹主人 著

文物出版社

三寸文房炉
（二七二至四一九）

宣炉大小的选择只关乎个人喜好和用度规范，无关乎品质：大炉有好炉，小炉亦有好炉。至于文人墨客的文房赏玩之炉，《沈氏宣炉小志》则有这样的描述：

『书斋清玩与庙堂之器不同，庙堂壮观，故尚大器，如鼎钟彝之类是也；书斋焚香以口径三寸、乳炉、石榴足、戟耳各种为合适。一则案头附他器，摆列易于取携，一则放火简便，摩弄不至费力。余目中所见旧炉，专爱小者，亦非偏也。小炉炼铜视大炉较精，且火力易透，故间有佳者；大炉则百无一佳，以铜质即劣，而火候难以骤效也。

今以口径三寸为度，极小则二寸，亦不失为清赏；如位置所宜，欲得一二稍大者，则口径四寸足矣。至大不过六寸，亦须厚薄得中、式样古雅，方不等呆物。可憎近有新铸大炉，其质夹沙，其色若酱，二十余斤者，华堂塞白炫耀俗目，岂容混入我辈清供？』

我们说，宣炉『掌上清玩』的审美标准是高雅又很难企及的。这类尺寸的宣炉并不多见，品质高的就更稀少了。一般宣炉的尺寸都在十二至十五厘米，也就是四五寸口径，盈手可握的八至十厘米，也就是三寸左右口径的宣炉本就不多，要符合掌上清玩的条件，工艺、造型、手头、皮色、年份等『品炉九点』大多达标，那就少之又少了。

时人素喜小炉，然绝非越小越好，小炉确以三寸口径为最佳，如为经典素雅的明式小炉，则最为珍贵可人。以其过小，如低于七厘米乃至六厘米即小于二寸口径者，多为琴炉，极少好工艺好年份者，且多欠缺手头，多为非经典品类；以其过大，如大于十厘米乃至十二厘米即大于四寸口径者，则逐渐不堪掌上把玩，且数量增多，难求物以稀为贵。

余藏炉二十年，过眼炉万只，过手炉数千，搜罗经年，可堪品藏的三寸文房炉不过百十只矣。

方形宣炉较圆形少见，瓷器中有『一方顶十圆』的说法，宣炉中方器亦比圆器铸造难度加大，同等品质价值更高。

宣德六字款冲天耳炉

长度：九厘米
宽度：六·六厘米
高度：五·三厘米
重量：四五五克
款识：『大明宣德年制』六字楷书款
年份：清早期

斯炉炉形长方，四边线条笔直；腹部上方折沿，凸显曲线和立体感；四乳足、底部曲面柔和，中央开框为沈度款；周身雪花金，颇具贵气。

大明
宣德
年製

宣德六字款冲天耳炉

长度：七·四厘米
宽度：七·四厘米
高度：五·五厘米
重量：三三四克
款识：『大明宣德年制』六字楷书款
年份：清早期

斯炉炉形正方，四边工整对称；亦折沿收腹，底部微曲，沇度款；非乳足而为实心马蹄足，粗壮有力；蟹壳青原皮，百年养润，宝光四溢。

宣德六字款朝冠耳炉

口径：九·二 厘米
高度：五·五 厘米
重量：四四二 克
款识：『大明宣德年制』六字楷书款
年份：清早期

斯炉阔口撇唇，圆腹中部亦为折沿做法；炉肩两侧一体铸造双耳，外撇冲天而起；器身下承三足，足形粗壮下收；满身『大红袍』皮色，美不胜收。

斯炉双耳弯曲飘逸，优雅而有动感，如同古代官帽上的帽翅，故称朝冠耳。从传世实物看，此类款式在元代已盛行，后逐渐成为宗教和祭祀中供案上的主要炉形，与双瓶一起摆放称『三供』，与双瓶、双烛台一起摆放称『五供』。『朝冠』本身便有『加官晋爵』的好寓意，兼之炉形势如泰山，巍然似鼎，世人皆喜。

大明
宣德
年製

宣德六字款朝冠耳炉

口径：六·八厘米
高度：六·二厘米
重量：二九〇克
款识：『大明宣德年制』六字楷书款
年份：清早期

斯炉亦为朝冠耳式，然造型截然不同。小巧敦厚，鼓腹圆身，两侧飞出双耳；三实心马蹄足，强劲孔武；通体薄绿锈，经百年盘玩，状如晶莹翡翠，惹人怜爱；炉身通体高浮雕梵文，更是颇为罕见。

需注意的是，早期朝冠耳炉如以上两枚小炉，整器均为一体铸造，工艺上乘；至清代中期以后，国力下降，工艺退步，很多朝冠耳炉的耳与足皆分铸后再与炉身焊接，粗陋不堪，断不可藏玩。

锦边天鸡耳炉是天鸡耳炉中常见品种，清中早期最为流行，有无环和衔环两种，后者年份稍晚。

这类炉最早出现在何时，海峡两岸炉界见解迥异：大陆炉界一般认为不会早于清早期，为盛世仿古产物，清中期后依旧大量生产，和其他各类同期的花式炉别无二致；台湾省炉界则认为时代跨度很大，真宣亦有此品类，不乏明代精品。

限于研究资料的空缺，此类争议还会延续很长一段时间。仅从实证来看，谨慎和保守的论断更加科学。

宣德六字款天鸡耳炉

口径：九·二厘米
高度：六厘米
重量：四〇五克
款识：『大明宣德年制』六字楷书款
年份：清早期

斯炉为所见同类中工艺最好者。天鸡耳无环，雄健有力、雕工精细；锦边工艺细腻，刻罕见四层回纹，异于常见之三层；原生态暗红皮色，兼之内膛蓝绿锈，款识亦利落有力，应为窖藏清早期精品。

橘囊炉载于炉谱，以形似剥皮后之香橘肉囊而命名。
有言橘囊炉为炉中隽品，工艺复杂并不常见，壁薄亦不易保存。
陈庆鸿先生在《大明宣德炉总论》一书中曾说，
『橘囊炉为最稀缺炉形，凡五十年而未遇佳器。』

客观说，橘囊炉为清早期开始流行之器型，
多为花式炉，只谓寻常，
未见超然于其他炉形之处，反而壁薄无感者多见。
陈先生所言甚为夸张，囿于旧说而未有突破也。

宣德六字款冲天耳橘囊炉

口径：八·三厘米
高度：五·二厘米
重量：四八〇克
款识：『大明宣德年制』六字楷书款
年份：清早期

斯炉在橘囊炉中可谓上品。器型花而不繁、秀而不艳，颇具简练特色；炉身远较同类厚重，橘囊饱满厚实；上立冲天耳，下设三鸡心足，亦是首见；乖巧端正、坠坠压手，立于掌上，不亚重器。

大明宣德年製

宣德六字款竹节耳橘囊炉

口径：七·二厘米
高度：五·五厘米
重量：三一一克
款识：『大明宣德年制』六字楷书款
年份：清早期

斯炉橘囊为炉身，皮色亦为橘黄色；平面为底足，炉颈部阴刻多处如意头造型；口、耳最为特殊，口沿一圈环竹节纹，中起两笋状耳，独枝破土欲出，挺拔峭立以为竹节耳，春意盎然而生。古人造炉匠心，文人情趣，跃然而引人神往矣。

宣德年製

宣德四字款竹节耳炉

口径：八·四 厘米
高度：五·五 厘米
重量：四〇三 克
款识：『宣德年制』四字楷书款
年份：明末清初

斯炉黑漆古原皮、光泽莹润，残留鎏金、对比鲜亮；环颈部半浮雕莲瓣纹，立体感颇强；同前炉，亦在口耳做竹节造型，提拉竹节耳即可移动；平面为底，中间开框手刻『宣德年制』四字楷书，书法风格有晚明遗风。

斯炉出身显贵，欧洲名家旧藏，香港苏富比释出。华丽夺目之精致小品，不可等闲视之。

《笋》 宋 蒋华子

头角崭崭露，江南四月时。
定应孤竹子，未脱老莱衣。
怒长捎苔石，旁行过棘篱。
不来能几日，渐学翠鸾飞。

宣德六字款天鸡耳炉

口径：七·九 厘米
高度：六·五 厘米
重量：五四五 克
款识：『大明宣德年制』六字楷书款
年份：清早期

天鸡耳炉中锦边、法盏式数量较多，圈足簋式、高身长发天鸡耳炉，型类鸭梨，俗称『一只梨』，较为少见，斯炉即是。

斯炉原生态，深青色原皮，温养多年后光彩熠熠；炉身浑圆下坠，逐渐宏阔；两侧起天鸡耳，形体纤长，纤细长发飘飘；口沿非平口，做『泥鳅背』工艺处理；圈足与底部则呈自然曲线衔接，化为一体。

『一只梨』天鸡耳炉数量不多，常规尺寸在口径三寸至三寸半，斯炉属少见小巧者。

锦边天鸡耳炉如去除所有纹饰，
则为圈足簋式的素天鸡耳炉。
后者器型素雅，
诞生流行的时间亦较早，
上品佳器多有所出。

宣德六字款天鸡耳炉

口径：九·二厘米
高度：五·七厘米
重量：四四〇克
款识：『大明宣德年制』六字楷书款
年份：清早期

斯炉原生态，暗褐色原皮，光泽润亮；炉身滚圆饱满，型制端庄，简洁耐看；炉身两簇天鸡耳凝练紧凑，灵动凶猛，时刻吞火食烟，长为案头良伴。炉中小品，可玩可藏。

大明宣德年製

宣德六字款天鸡耳炉

口径：九·二厘米

高度：四·五厘米

重量：五〇一克

款识：『大明宣德年制』六字楷书款

年份：清早期

斯炉亦为圈足簋式的素天鸡耳炉，特点在于炉形极扁，鸡头极小极精，出类拔萃。炉身扁矮，口径与高度比大于二比一，腹部为雍正朝簋式炉标准的收腹处理，令坠手感愈加强烈；炉身上飞一双小耳，鸡头饱满、精雕细琢；圈足亦极矮，底部开框内款识为清早期书法特色。

斯炉结合器型、款识、工艺等判断，年份不晚于雍正；另有一类同样扁矮的天鸡耳炉，款识多为『宣德某年吴邦佐制』，年份、手头、天鸡耳和款识风格均为清中期以后制品，品质更天差地别矣。

宣德六字款狻猊耳炉

口径：八·七厘米
高度：五·七厘米
重量：四〇五克
款识：『大明宣德年制』六字楷书款
年份：清早期

宣炉出坊时偶有配盖，多为木制，数百年流传过程中保有率极低。斯炉原盖、原皮、原洒金，蜡茶色皮壳配以点点飞金洒落，完全还原出坊时状态，至为难得。

斯炉炉身鼓式造型，上下各起一圈素环，上铸高浮雕鼓钉纹；炉身两侧起双狻猊耳，向外伸展颇多，怒目阔口，神态凶猛；炉身下承三实心马蹄足，健硕有力；黄花梨原配座盖，盖顶原镶紫水晶『马上封侯』圆雕件，同为清早期琢玉精品。

宣德六字款狻猊耳炉

口径：八·八厘米
高度：五·三厘米
重量：四五三克
款识：『大明宣德年制』六字楷书款
年份：清早期

斯炉原生态，蟹壳青原皮；
器形庄重，胎体厚实，线条简洁流畅饱满，气韵浓郁；
口沿起台阶，或可配盖；
圆鼓腹，狻猊耳，憨厚可爱，手工精雕；
颈部微收，环雕一圈莲瓣纹，
于素雅中增一丝秀气；
圈足扁厚，再环刻一圈回字纹，上下呼应。
细节工艺，为简练器身平添许许禅意。

缶的器形可以远溯到上古时期，《诗经》《周易》中都有『鼓缶、击缶』的记载，是一种击打乐器。王老《自珍集》第二一页之『明甫清玩』款缶炉，就是此造型。王老在书中这样描述：『形似鬲，圈足。《尔雅，释器》：「盎谓之缶。」郭璞注：「盆也。」颜师古注：「盆也。」今因炉似盆，故名之曰「缶炉。」』

宣德六字款缶炉

口径：十·五 厘米

高度：四·八 厘米

重量：六六五 克

款识：『大明宣德年制』六字楷书款

年份：清早期

斯炉类同王老藏品，橙红色原皮，经年盘养、宝光润泽；铜质细腻致密，器型扁圆沉重，口径高度比类似鬲炉；平口起线、圈足外撇，口径与足径接近，形成上下平衡对称的美感，是此类缶炉审美的一个关键点。

斯炉简练素雅，线条微妙的变化呈现出优美的弧度，各角度观之均给人以圆润流畅之感，大气蔚然、法度严谨，可谓同类中佼佼者。

明式鬲炉中的三寸小炉，
相对冲天耳炉和蚰龙耳炉常见，
然基本均是一类口径约八·八厘米、
高约四·四厘米、『宣德年制』
四字楷书款的较高身小鬲，
重量一般在五百克左右，
端庄可爱，应为当年流行品种。

数年前多有所见，
如今也是难求一炉了。
除此之外，
口径十厘米以下的三寸明式鬲炉，
与其他经典明炉一样，非常罕见。

宣德四字款鬲炉

口径：九・六 厘米
高度：四・一 厘米
重量：六八八 克
款识：『宣德年制』六字楷书款
年份：明晚期

斯炉即为罕见的小扁明鬲。年份入明无疑，口径稍大而高度更低，造型更趋稳重，给予良好手感。藏炉经验丰富者可知：同口径之经典器型明式炉，用料最多为蚰龙耳炉，其次为冲天耳炉，再次为鬲炉，手头也依此排列。斯炉腹部扁凑、底部厚实，扁矮炉身配以拙美三足，重量、手感超出同类，不亚冲蚰。斯炉得时满布脏土，水煮三次后以竹刀轻推清理，始显夺目之茄皮紫色原皮，撩人心弦。

宣德年製

明式炉中鬲炉存世量相对多，
但真正入明的鬲炉并不多，
其中造型、工艺、铜质、手头、款识等等俱佳的更为罕见。

特别是鬲炉的造型，愈是因其简单，
愈易差之毫厘谬以千里，
很容易出现比例失调的美感缺失——口沿过薄过厚、
腹部过扁过肥、三足过细过粗等等，不一而足。
真正毫无审美死角的明鬲，万中无一。

宣德二字款鬲炉

口径：九·二厘米
高度：四·三厘米
重量：七九一克
款识：『宣德』二字篆书款
年份：明晚期

斯炉即谓『万中无一』，更兼得一个『小』字。
一线户家原生态所出，精黄铜质，纯沉若金；
赭褐色原皮保存完美，部分位置覆盖黑漆古包浆；
炉形端正匀称，精巧圆润，增之一分则高，减之一分则矮；
平口起线，厚薄适中，颈深而饰两立体弦纹，线条流畅简约；
炉腹收敛，炉足健壮，二者协调统一；
炉底则逐渐微弧，中央开少见横框，
精刻『宣德』二字柳叶篆，笔笔如刀，飘逸凌厉。

柳叶篆宣德款，四字、六字或有所见，
二字世所仅见，唯此孤品。

藏炉必涉养炉之说，
养炉是藏炉一大特有的趣味。
偶见打皮烧炉以求速养成者，
余以为，若非炉之原皮毁伤或不存，未可轻动。

盖古物古貌，数百年保留不易，
原皮及多年原生态皮壳包浆为古物之重要部分，
清理脏灰应当，一旦打皮，
则顿失古意盎然之美，更是不可逆之毁其原状。
当今炉界亦逐渐重视保护原生态和原皮炉，
非万不得已，不为焚琴煮鹤之事。

竺阳斋制款冲天耳炉

口径：九·九厘米
高度：五·二厘米
重量：九二〇克
款识：『竺阳斋制』四字篆书款
年份：明晚期

斯炉出自山西，原始状态布满香灰，多有油渍，
藏玩期间多有冲动，欲打皮而后快，事务繁忙未及下手，
多年温养已成黑漆古，从黯淡中发奇光，宝光内蕴。善哉。

斯炉上佳铜料铸造，质地细腻、厚重沉坠；
器表平滑光亮、色泛金褐，内膛旋纹精修；
炉形简洁、底部曲面，中间开框冷刻四字柳叶篆。
『竺阳斋』为何人暂未考据，观其字体，
弱柳扶风中不乏柔美英气，文如闲章，旷逸可喜。
如此款识、如此美炉，当年置藏者，想必亦是上上人物。

斯炉及余众多藏品皆由一炉书屋何兄协助觅得。
何兄，安徽人士，心直口快、品正眼高，余知己也。
人言炉界小社会，总谓人心隔肚皮，但炉是载体，
是媒介，交往的还是人与人，核心还是讲究一个诚字：
只有诚信待人，才能互惠共赢、彼此增益。
余与何兄相识相知多年，虽不频谋面但常沟通，
不言利益、共同进步，实乃收藏之趣、人生之乐。

人无癖，不可交，以其无深情也。
癖好即是深情，
是对一些物、
一些人及所处空间时间的认真和投入。

我们常经手各种东西，有些过手即弃，
有些被留存，由于人和时间的缘故，
再回过身看就有了温柔和意义。
欣于所遇，暂得于己，
人和物在相处时知道一切都属『暂得』的平常心，
以及在那段或长或短的时间中，因此而来的郑重和尽兴。
这就是收藏的意义。

宣德六字款冲天耳炉

口径：八·七厘米
高度：四·三厘米
重量：六九五克
款识：『大明宣德年制』六字楷书款
年份：明晚期

斯炉为余铭心之物。
昔年春节余在三亚，友人致电欲让斯炉，
又言珍爱之物实不舍，欲典于我处，半年后加价赎回。
得之自然开心，半年间几乎时时随身携带，
爱不释手，只是每每思之期限将至，不免惆怅。
幸半年期满，友人知我爱炉心切，
兼自身又有新好，索回意愿不甚强烈。
余方始长舒口气，得此佳炉相伴平生。

斯炉为三寸明冲之典范。
鳝鱼黄皮色，敛莹莹宝光于内；
型制素雅，侈口束颈，上置冲天耳灵动飘逸；
鼓腹略垂，底部渐出三乳足，盈盈数点，细而不弱；
毛膛斑驳随性，明晚期典型修胎工艺；
炉底正中开框剔刻宣德六字楷书款，
款文结体劲瘦，刀线转折利落，亦为鲜明的明代款识。

斯炉掌上清玩，典雅秀丽，
手头为同尺寸之冠，握于手中坠坠若金，
却又翩翩欲飞，可谓造型至简，宝器无双。
昔年晚明雅士铭心之物，今又置余山房案头或盈手之间，
足引悠悠思古之情。

宣德四字款冲天耳炉

口径：八·四 厘米
高度：三·八 厘米
重量：四八二 克
款识：『宣德年制』四字楷书款
年份：明晚期

斯炉精黄铜铸造，铜质细糯晶亮，压手感十足；
立耳挺拔，耳体扁圆，较同类耳型矮小；
平口微撇，口壁稍薄，沿内壁逐渐增厚，毛膛厚实；
鼓腹敛底，下承三矮小乳足，足底露铜精光四溢；
底中央錾刻阳文『宣德年制』四字楷书款，
錾刻率真利落，洒脱豪迈，典型晚明书风。

斯炉为宣德款明代冲天耳炉中所见最小巧者，
造型秀美，宛若小家碧玉，惹人怜爱；
鳝鱼黄皮色，外罩星星点点洒金，
宛若漫天花雨，亦梦亦幻，引人遐想。

宣德年製

枝间新绿一重重
小蕾深藏数点红
爱惜芳心莫轻吐
且教桃李闹春风

大明崇禎年製

宣炉鉴藏历来重视款识，尤其是历朝年号款和纪年款，寓当朝气象乃至皇帝本人喜好于其中，最具时代特色；又堪为研究标准器，价值自然最高。

明崇祯年时局动荡，战事频仍，铜料为稀缺战略资源，明代《烈皇小识》中记载：

『上又将内库历朝诸铜器，尽发宝源局铸钱。』

可据之一窥明末宫廷内库之窘境，亦知晚明铜炉留存至今之不易。

崇祯年间署有年号官款的铜炉凤毛麟角，颇为稀见。又因当朝官铸铜炉珍惜铜料，显现出素雅轻灵、薄而压手的独特气质。此类崇祯年号官款铜炉形制、尺寸颇近，以四寸口径为多，款文风格亦参照明晚期官窑瓷器，且冲天耳器型相对多见，推测或当时专为庙堂殿前陈设而铸造。

崇祯六字款冲天耳炉

口径：八·八 厘米
高度：四·二 厘米
重量：五六七 克
款识：『大明崇祯年制』六字楷书款
年份：明崇祯
出版：《辨物：崇祯时期的宣德炉》
第四十至四十三页，
文物出版社，二〇一九年。

斯炉造型端正，双耳与炉身比例得当，
毫无肥腴漫溢之态，具简练高贵之审美品位。
双耳尖薄、炉身扁广，乳足呈锥形、挺拔尖削，
底端略微斜切，为崇祯朝冲天耳炉普遍器型特征；
耳洞如月相中的『渐盈凸月』，将满未满；
内膛为麻面毛膛，呈斑驳状，未见明显修膛痕，
锈迹与烟尘混合，扪之凹凸不平，似山石久受风雨侵蚀；
底款字体古朴、刀锋历历，具明季朴拙野逸之风。

斯炉为崇祯年号官款宣炉标准器，
亦为目前同类崇祯六字款冲天耳炉中，
所见最小巧者，或与众不同而为宫廷书房把玩之品。

宣德年製

篆书款在炉款中的数量仅次于楷书款，
繁方篆款为篆书款的一个分类，
且此类款识的宣炉品质佳者甚多。

宣德繁方篆款有大明宣德年制六字，
和宣德年制四字两大类，
此两类款宣炉的年份大多比较好，集中在明晚期到清早期，
清中晚及民国的粗劣仿品不在所述。

繁方篆字体于晚明印章常用，
特别多见于彼时之文人书画闲章，可见为文人所喜，
由印文入炉款，顺理成章。

宣德繁方篆款炉的炉形广泛，
冲天耳炉、蚰龙耳炉、鬲炉、桥耳炉、
马槽炉、戟耳炉、戟耳筒炉等等皆有；
品质也普遍较高，无论是造型、工艺还是质感，
均为当时铜炉制作的较高水平。

宣德四字款冲天耳炉

口径：九厘米
高度：四·四厘米
重量：四五三克
款识：『宣德年制』四字篆书款
年份：明晚期

斯炉鳝鱼黄原皮，炉身隐约带红斑绿锈，蕴藏浓浓古意；形体小巧可爱，工艺精美细致，曲线玲珑婉转，铜质细糯可掐，内膛旋纹清晰，繁方篆款识端正有力，可为此类款炉的代表作。

宣德繁方篆款宣炉一般年份皆好，然确定公认入明的却不多，大多集中于笼统的明末清初或者倾向于康熙盛世。斯炉为明晚期宣德繁方篆款炉的代表，精工玲珑之品。

明代冲天耳炉，并非均为常见崇祯朝细足尖耳器型，出产炉坊不同、定制者品味不同，亦有其他炉形，如王老所藏崇祯纪年款洒金冲天耳炉，即为肥厚高壮型。

大明宣德年製

宣德六字款冲天耳炉

口径：八·五 厘米
高度：四 厘米
重量：五四五 克
款识：『大明宣德年制』六字楷书款
年份：明晚期
出版：《辨物：崇祯时期的宣德炉》第一〇四至一〇七页，文物出版社，二〇一九年。

斯炉为端庄大气型明冲。
水红铜精光内蕴，手感沉稳踏实；
三乳足矮而平滑、拙而有力；
口唇外翻、双耳丰满，
耳洞近口沿处线条变直；
内膛有明显修膛旋痕并上大漆，
款识则残留有旧时朱砂痕迹。
多处特征类似于柳州藏炉大家罗兄所藏，
『崇祯癸未仲春施制』款冲天耳炉。
斯炉难得，数十年不遇之掌上珍品。
扁矮优美、丰而不腻，小器却处处有重器之风，
比之任一上品私款明炉不让分毫。
小冲天耳炉达此水准，可谓炉外无炉矣。

大明宣德年製

宣德六字款冲天耳炉

口径：九·八 厘米
高度：四·七 厘米
重量：九三五 克
款识：『大明宣德年制』六字楷书款
年份：明晚期

斯炉深符『品炉九点』，炉形尤为优美，最符《炉谱》对冲天耳炉完美器型的描述，可谓集明代冲天耳炉线条美之大成者。各角度静观斯炉，处处紧绷却又处处舒缓，力度与曲线兼得，圆润和张力十足；既有霸王扛鼎之霸气，又兼小桥流水之雅气，更得通融内省之文气。

斯炉得自牧心斋张兄，昔年偶见一图即心仪，多方强索方以惠价求得。

张兄温州人士，久居京城，乃文房界知名大行，尤以宣炉研藏和推广闻名。其人博文广识，谈吐风趣，谦逊随和，更兼就物论物，客观公正，每以敬畏之心善待古物，以极高格局全力推广宣炉文化，实为我辈爱炉人之楷模。

江山风雨情
飘摇四百年
明风掌怀间
何日不堪怜

明崇祯帝朱由检（一六一一年至一六四四年）
是一位勤勉又具悲剧色彩的末代皇帝，
他从天启帝手中接过千疮百孔的大明王朝，
前期也曾勤俭自律、励精图治，
最终还是众叛亲离、身灭国亡。

崇祯制器复制了这样的国运和人生曲线，
曾经创造出工艺文化新的高潮，
又在兵马喧嚣中戛然而止。

崇祯四字款冲天耳炉

口径：七·六 厘米
高度：三·五 厘米
重量：四五〇 克
款识：『崇祯年制』四字楷书款
年份：明崇祯

斯炉小而简约，型制素雅，黑漆古原皮，精黄铜质；
侈口束颈，上置一双圆孔冲天耳，飞逸但不致喧宾夺主；
鼓腹浑圆略垂，使整炉重心下垂，
再于圆底出三乳足，是颇为端正的冲天耳炉器型；
仅因口径过小，较之寻常崇祯大炉造型微有调整变化，
口沿往下及底部增添一丝厚重之感。

斯炉内膛麻面，偶露斑驳修刻，具盈盈古意；
『崇祯年制』四字刻款，结体规矩，刀法劲键，富金石气息；
与多见之崇祯六字款书法亦有少许差异，
少古拙而多强势洒脱，或正是崇祯早期风格。

斯炉小巧玲珑，拳拳一握，
置案上亦具沉稳端庄之感，宫廷御玩气息浓郁；
既是别致秀美的文房雅玩，亦是铸作精细的庙堂之器；
为崇祯年号官款宫廷宣炉又一标准器，
亦为目前所见唯一之崇祯四字年号官款宣炉，
更为存世各类崇祯纪年款、年号款宣炉中，器型最小巧者。

以此角度言之，可称『天下第一』。

宣德四字款冲天耳炉

口径：八·五 厘米

高度：四·五 厘米

重量：六五〇 克

款识：『宣德年制』四字楷书款

年份：明晚期

斯炉为精致晚明小炉。深褐色原皮，炉身由扁而圆，双冲耳稍倾；圆底缓出三短乳足，倒三角形作势外撇；炉壁自薄而厚，重量集中于下，体量虽小却异常压手；炉底中浅开正方框，手刻宣德四字楷书款，布局疏朗、形体饱满，既有法度又不做作。

斯炉出自浙江，原始状态时斑驳脏土，遍布厚锈而几难辨形态；余以清水煮泡三天三夜，软刷竹尺齐上，方得洁净本相。四百多年古物一朝沐浴新生，实为功德事也。

宣炉中私款炉为文人定制，文房上品比例很高，精品率远高于普通宣德款炉。

王世襄王老所藏私款炉颇多，其将私款炉鉴别分类，开创了宣炉当代研究之先河。私款炉制作有几大知名炉坊，明《帝京景物略》这样记载：『有北铸，嘉靖初之学道，近之施家……有苏铸，南铸。苏蔡家，南甘家。』

徐遵古珍玩款冲天耳炉

口径：八·六 厘米
高度：四·五 厘米
重量：五八六 克
款识：『徐遵古珍玩』五字篆书款
年份：明晚期

斯炉形神兼备，张弛有度，铜骨精纯澄透，器型浑厚大气，当为北铸京造宣炉小型精品。藏经纸皮色，润厚隐亮含光，为传说中最稀少的皮色；体雄骨坚，入手沉笃，唇边外敞，鼓腹圆收；炉底隆起三乳足，宛若自然生成；口沿耸立冲天耳，圆健挺拔有力，适与炉身浑然一体。

斯炉款识大有逸趣。炉底錾刻柳叶篆『徐遵古珍玩』，字体横直随性，刀笔遒劲雄强，称为柳叶却有利刃气息，读其文意应是：徐姓文人按照古法定制的珍玩宣炉。尤为特色的是，框中第四字位置手触凸起，为刻意留白未刻，飘散文人遐思。此布局风格类似王老顺治纪年款冲天耳炉款识，及拙藏康熙纪年款马槽炉款识，为明晚期开创的顶级私款炉之书法特色，时代特征明显。

到代的纪年款炉在同等级炉中最罕见，亦最珍贵。

既然称为纪年，必然款识上要有明确且被认可的干支或年份。

在纪年款识的组合上，有各种细微的区别：

一、国朝＋年号＋干支年份＋（其他要素的），

如大清顺治辛丑郡中比丘超格虔造供佛、

大明崇祯癸未年孟春吉日诚意斋制；

二、年号＋干支年份＋（其他要素），

如崇祯壬午冬月青来监造、崇祯乙卯张都督制，康熙六十年制；

三、国朝＋干支年份＋（其他要素），

如大明壬辰年制，大清丙戌年时九锡制；

四、干支年份＋（其他要素），

如壬午冬子俊制，癸酉钟岳精制等等。

乃弘家珍款蚰龙耳炉

口径：九·四 厘米

高度：五·四 厘米

重量：一〇一〇 克

款识：『乃弘家珍甲申冬制』八字篆书款

年份：清康熙四十三年（一七〇四年）

斯炉即属第四种，同时增加了藏家置者要素，具典型清早期宣炉时代特征，应为康熙甲申年（一七〇四年）所制。口沿介乎厚薄之间，微侈，颈短耳拙、腹肥足矮，壁宏底厚，沉稳淡定；款字书法布局极具个人风格，不拘定势；底部工艺亦有特色，作镜面打磨处理，更微鼓呈弧面形；内膛旋纹细密如发丝，达手工制作极高境界。时值康熙四十三年，正是国之盛世，彼时中华工艺水准之高，他国及后世叹为观止矣。

王世襄王老在《自珍集》中谈及顺治纪年款冲天耳炉时，引藏炉大家李卿丈言曰，『最佳之炉，不在庞家而在陈处。如顺治比丘造者，可谓绝无仅有，视明炉尤为可贵。』挚友韦兄曾仿之笑言，『最佳之炉，不在他处而在浣竹主人之云多山房内。如悔、易二斋者，可谓绝无仅有，视真宣亦不亚也。』虽为戏谑之语，然此二枚小炉，确为雅致珍宝，余之钟爱。

悔斋斯炉，青墨色原皮、原生态，观感轻盈欲飞，实则压手坠坠，晚明时代风貌和文人雅气尽显。斯炉炉身极扁、口沿极薄、边缘锐利；凹颈扁腹，圈足亦极扁矮，几无接触面提拎；双耳洗练精神，插翅即欲飞；壁厚身扁，目测似缥缈，实则厚重压手；炉底四平，中央开框内刻『悔斋珍赏』四字柳叶篆，字面较底面稍突出，呈半浮雕型，立体感极强；字字银钩铁画，以笔做刀、锋利夺人，笑言可谓『柳叶刀』。

『品炉九点』完美对应，斯炉堪为文人制炉之极致，阅万炉而不遇也。而宣炉审美的最高境界、核心源头是简练与内省，斯炉造型工艺处处彰显此意，款识『悔斋』更是点题。

『悔斋』之魂在于一个『悔』字，悔，即忏悔，很多人以为是基督教的修行方法，是西方国家特有的文化，甚至有人批评中华文化缺乏忏悔精神。事实上，中华文化从来都不缺乏忏悔与自省精神。从孔子的『吾日三省吾身』到《大学》的『君子慎独』，再到刘备的『勿以恶小而为之，勿以善小而不为』，都是善于反躬自省的表现。宋明理学家更将『忏悔』这一心理情结与传统的『内省』与『自新』相融合，形成自己的『悔过观』，并使之成为心性之学的一个重要分支；明清文人将这种以『悔』为主题的自省精神推广光大，成为文人日常修行的必备课程。

理学家们把『悔』文化看得更重，『知行合一』的伟大思想家王阳明就是重要的开创者。明代有一崔伯栾，为王阳明之友，自然也是理学崇奉者，他为自己的书斋取名『悔斋』，并请王阳明为之著文。王专门作《悔斋说》，其文曰：

悔者，善之端也，诚之复也。君子悔以迁于善；小人悔以不敢肆其恶；惟圣人而后能无悔，无不善也，无不诚也。然君子之过，悔而弗改焉，又从而文焉，过将日入于恶；小人之恶，悔而益深巧焉，益愤谲焉，则恶极而不可解矣。故悔者，善恶之分也，诚伪之关也，吉凶之机也。君子不可以频悔，小人则幸其悔而不甚焉耳。

吾友崔伯栾氏以『悔』名斋，非曰吾将悔而已矣，将以求无悔者也，故吾为之说如是。

这段文字虽不长，但明确概括了理学家『悔过观』的基本要点：第一，他指出，只有圣人能『无悔』，因为圣人『无不善也，无不诚也』。这就一方面肯定了『善』与『诚』的本然存在，一方面暗示除圣人之外，概难免有不善不诚的表现，确立了立论的前提。第二，从君子、小人两种角度，分别讲了『悔』的作用与『悔』而不知『改』的害处。『君子悔而迁于善，小人悔以不敢肆其恶』；君子之『过』，『悔而弗改』，『将日入于恶』，小人之『恶』，悔而弗改，『则恶极而不可解矣』。第三，在第二点的基础上，高度肯定了『悔』的作用、价值与意义。『悔』为『善之端』，『诚之复』，『善恶之分』，『吉凶之机』。第四，进一步附带指出，并不是要人为『悔』而『悔』，『悔』的目的是达到『无悔』。从宋明理学最高代表人物的这段话中，不难看出，『悔过观』不仅已成为理学的有机组成部分，而且具备了一定的体系性。

在《教条示龙场诸生》中，王阳明明确提出了『改过』的教条：『夫过者，自大贤所不免，然不害其卒为大贤者，为其能改也。故不贵于无过，而贵于能改过。』人难免有过错，但最重要的是发现过错并改正，如此才能成贤成圣。而在这篇文章中，他又提出『悔过』的观点。所谓『悔过』，便是发现自身过错并感到后悔。『悔过』是一个重要的节点，是善与恶的分界，诚与伪的关头，吉与凶的关键。下一步，若能『改过』，未来将走向善、诚、吉，反之，则是恶、伪、凶。王阳明希望世人能够乐于反省悔过并及时改过，争取无过可悔。

至明清之际，『悔过观』在理学的信奉者中影响扩大，这有两个重要表现：一是著名大儒李颙，著《悔过自新说》，不但对『悔过观』做系统性理论阐述，而且实际上把『悔过自新』视作整个理学理论系统核心，抬高到理学体系中前所未有的高度。二是『悔』的观念得到重视，凝注于文人士子的心态中。最明显实证，便是明清文人大量以『悔』字作为字号或斋号。可查考之例如下：朱震之字悔人，王灼号悔生，马敬之字悔初，王继昌号悔岸，屈复、汪士铎号悔翁，尤侗、严元明、万泰、文康皆号悔庵，陈洪绶号悔迟，何栻、查慎行号悔余，李逊学、崔伯栾、汪楫号悔斋，陈汝咸、赵仁基、邓钟岳皆号悔庐，顾广誉名其斋为悔过斋，曹肃荀名其斋为悔迟斋等等。另外，还有大量以『悔』字为文集题名者，不再赘举。

数百年来，明清文人以『悔』为当头棒喝，时时提醒自己反思改正，推动了中华文化的构建发展，『悔斋珍赏』小蚰或属于明代正德嘉靖年间由王阳明作赋的崔伯栾或是礼部尚书李逊学，或属于出使琉球的明末江南大儒汪楫（一六二六年至一六八九年），抑或属于不见诸典籍的某位晚明大儒，暂不可探求。然他们心心念念的日日珍赏，孜孜以求自省自新的精神，已借由此枚小炉得以永续流传、香火不灭。

悔斋款蚰龙耳炉

口径：七·八厘米
高度：三·九厘米
重量：六三〇克
款识：『悔斋珍赏』四字篆书款
年份：明晚期

『易斋』与『悔斋』均为明代小蚰龙耳炉，
二炉数据相仿、品质绝顶，故而成双，冠绝三寸文房炉。

『易斋』斯炉，原生态，翠绿色薄锈，
精黄铜铸，器身素雅无纹，朴茂肃穆、古意盎然；
经多年盘抚，皮色更为鲜活，青翠欲滴；
炉形沉厚宽扁，炉口薄而平实；
蚰耳圆转婉约，上耳根部既圆且壮，下耳根部阔尖，似龙耳下垂；
圈足扁矮外撇，底承圈足，平底内洼，中央开框刻款『易斋素公』，
金石韵味浓郁，以刻代写，为明代典型书法规仪。
斯炉整体炉形沉稳，壁薄压手，
古朴稚拙，明风肃然，为明晚期小炉极品佳器。

『易斋』之魄在于一个『易』字。
易，即易经，是阐述天地世间万象变化的古老经典，
是中华文化博大精深的辩证法哲学书，
包括《连山》《归藏》《周易》三部易书，
其中《连山》《归藏》失传，现存于世的只有《周易》。

关于《易》的作者和写作年代，历来众说纷纭。
旧说伏羲作八卦；
司马迁《报任安书》中云：
『文王拘而演《周易》。』说周文王被拘时推演八卦为六十四卦；
今人据《易》所反映的史实、思想及语言特点及与他书的关系等分析，
多认为是西周末年卜筮之官根据旧筮辞编撰而成。

《易》蕴涵着朴素深刻的自然法则和谐辩证思想，
是中华民族五千年智慧的结晶。
其从整体的角度去认识和把握世界，
把人与自然看作是互相感应的有机整体，
即『天人合一』。孔子在《论语·述而》中感叹：
『加我数年，五十以学《易》，可以无大过矣。』

斯炉的制作者『素公』，将自己的书房斋号命名为『易斋』，
并镌刻在定制的文房小炉上，
表达自己对天人合一、万法自然的笃信与推崇，
这是明代文人最核心的精神家园，
也是赖以安身立命的根本信念寄托。

易斋款蚰龙耳炉

口径：七・八厘米
高度：四・一厘米
重量：六四〇克
款识：『易斋素公』四字篆书款
年份：明晚期

读易宜识凶悔吝
事佛但去贪嗔痴

常珍款蚰龙耳炉

口径：九·二 厘米
高度：五 厘米
重量：八九三 克
款识：『常珍』二字篆书款
年份：明末清初

斯炉形制端庄稳健、清雅精巧，比例和谐、铸工精准。
橘红色原皮，水红铜精造，宝光隐于其中；
口沿仍薄然已有增厚趋势，腹浑圆渐起高，
愈往下愈渐厚，重量集中于器身下部，压手感强，仍为晚明特征；
圈足扁矮，隐约有起棱工艺；
底部镜面打磨，光可鉴人；
中间开框冷刻『常珍』二字柳叶篆，书法飘逸大方，
既具明之洒脱，亦有清之规整。

『常珍』，日常的美好，多做『常珍笃祜』一词，
意为让人继承和传衍美德，明清很多牌匾取用此词。
笃，指专一，《论语·泰伯》云：『君子笃于亲，则民兴于仁』；
祜，为福报，《诗经》有：『献之皇祖，曾孙寿考，受天之祜。』

明式小炉配以此款，可知定制之人珍爱，
亦自励追求美德，日日珍惜；
本书亦取此款为书名，既指入书藏品皆为余日常珍爱之物，
亦警醒自己，时刻追比古人之美德。

斯炉与王世襄王老旧藏『琴友』蚰龙耳炉数据接近，
造型、款识风格及工艺特征几无区别，或为同坊同人所制。

大明宣德年製

宣德六字款蚰龙耳炉

口径：八·七厘米
高度：四·五厘米
重量：六九八克
款识：『大明宣德年制』六字楷书款
年份：明晚期

斯炉为余早年入藏，
器形类似王世襄王老所藏『赤文氏』款蚰龙耳炉。
多年炭养，已成棠梨皮色；
炉形精巧，扁身平口薄唇，重心下坠，渐收出圈足，圈足外撇；
双蚰耳灵动，与炉身呈耸立之势；
炉底刻宣德六字楷书款，铸刻较浅，剔刻痕犹见。

斯炉亦得自天佑刘兄，刘兄学识渊博、厚道坦诚，足谓良师益友。
彼时余赏炉鉴炉尚未入门，仰慕刘兄人品学识，
别无所虑，诚意求得。
时至今日，每每取出把玩，感慨好炉难得，
不入法门时能不错失，全赖信任。
一个『信』字，令友情与珍宝得以双全。

宣德六字款蚰龙耳炉

口径：八·四 厘米
高度：四·三 厘米
重量：六六八 克
款识：『大明宣德年制』六字楷书款
年份：明晚期

斯炉盈手可握，乃晚明小炉绝美品，宣德六字款明炉之掌上明珠。

薄唇扁腹、双耳雄健、款识舒朗，圈足尤为扁矮厚实、沉稳踏实；水红铜质细腻柔顺，蟹壳青原皮静雅，绿锈点缀平添古意；整体予人以端庄、大气、乖巧结合的愉悦观感，慰人心神。

斯炉亦为好友一炉书屋何兄惠让，为余珍爱之物，得之数年爱不释手、携之同眠，至今方得稍缓。

大明宣德年製

水月居款蚰龙耳炉

口径：九·一厘米
高度：四·五厘米
重量：五七七克
款识：『水月居』三字篆书款
年份：明末清初

斯炉原生态、布满绿绣，为一线户家释出。炉形扁矮，口径高度比约二比一，得明炉形美之韵；圈足厚实、双耳有力，底款『水月居』，为商品类私款中稀少者，非『家藏珍宝』、『永存珍玩』等普通清代炉可比，刻工精湛、书风清逸，较同类亦高出不少，亦为同类中最小巧者。

斯炉整体明风犹存，可纳入明式炉。口沿仍薄，然渐有增厚趋势，相比炉壁为厚，为明末清初时期典型之转变。

大明宣德年製

宣德六字款蚰龙耳炉

口径：九 厘米

高度：五·八 厘米

重量：五一六 克

款识：『大明宣德年制』六字楷书款

年份：清早期

斯炉高身阔口，口沿增厚，介于明式炉极薄唇和清中期炉极厚唇之间；内壁由唇向下则不增厚而渐薄，内膛容量加大；束颈外撇，身形拉高，圈足厚实；特色是鳝鱼黄原皮，原洒金，金料奢靡，不惜工本，遍布炉身，富丽堂皇。

斯炉为清早期蚰龙耳炉标准器，大致是康熙晚期至乾隆早期的制品。这一时期的宣炉和各类器物，开始营造视觉上的高大厚重，华丽观感大于上手触感，反映当时富足盈满、追求攀比的社会生活风气。

宣德四字款狻猊耳炉

口径：八·五 厘米
高度：四·五 厘米
重量：六八一 克
款识：『宣德年制』四字篆书款
年份：明晚期

斯炉绝品。
精黄铜铸造，黑漆古原皮，薄唇厚壁，
圈足尤为厚实矮扁，坠坠沉手；
口微外撇，束颈鼓腹，两侧各铸一狻猊耳，
伸出炉身颇多，立体感极强，精雕细琢，纤毫毕现，
充满跃然欲扑的动感，
正是『虾眼、耸眉、猪鼻子』——明代狻猊耳或曰狮耳的特点；
底部镜面打磨，中央开框精刻『宣德年制』四字柳叶篆书款，
一笔一画如柳叶起舞，又不乏刚劲内力，飘然动人心魂。

类似尺寸、器型和年份的小狻猊耳炉另仅一只，
现藏宁波藏炉大家张兄处，
款识为『大明宣德年制』六字楷书款。
彼炉昔年广州华艺拍卖释出，余远方出差，
电话出价毕竟底气稍逊，未竟得。
忆原为蟹壳青皮色，惜遭打皮，不复旧貌。
『宣德年制』四字柳叶篆书款亦极为罕见，
印象深刻的为藏于柳州罗兄的一枚明代鬲炉，亦逸品也。

压经炉有高足和低足之分，
高足多大器，
庄严沉稳、法度严谨，
用以厅堂礼佛镇宅；
低足即为《沈氏宣炉小志》提及的棋足小炉，
一般口径三寸多，
是清早期之后多见的一类文房小炉，
以文气取胜，妙在棋足和衔环。

乾隆六字款压经炉

口径：七·六 厘米
高度：三 厘米
重量：三四五 克
款识：『大清乾隆年制』六字楷书款
年份：清乾隆

斯炉即为棋足衔环压经炉。
整器极为小巧，光素矮扁，原通体『大红袍』敷色，
现口沿、耳部、颈部、足内侧部等残存；
圆唇口，颈部收束，扁腹丰腴，圆熟舒畅；
肩侧一对錾耳衔环，一体铸造，纹丝不动；
出颈处平直，上起一节，转弧处亦出节，细微中见工匠巧思；
炉底下呈三棋足坠地，以适扁薄圆润之器身；
足外线微敛，内线则斜倾，精短不失灵巧，收放谐佳；
炉内膛打磨工艺讲究，旋纹细密，施以大漆；
铜质精密，压手感出乎意料的强烈。

斯炉底部圆润微弧，
开框精铸『大清乾隆年制』六字楷书款，款识特征鲜明，
为乾隆官造本朝款无疑；与炉身以失蜡法一体铸造，
未经修磨凿刻，笔画细韧纤巧；
在观其颇具章法的布局，纤韧有力字体的同时，
亦是拙味十足，有返璞归真之意蕴。

斯炉整器炉体精巧文静、气韵秀雅，
处处体现铸造工艺的精湛，每个细节的呈现，
都要求制蜡模时精益求精、一丝不怠，终成佳器，
其形、其质、其艺、其色、其款均属顶级，乃炉中绝品。

斯炉为杨炳祯先生旧藏，

大清乾隆年製

与王世襄王老藏『大清乾隆年制』款蚰龙耳炉有异曲同工之妙，
两炉均呈现出灵秀隽雅之气。
其大小、型制、工艺、铜质、款识铸造风格，
双耳曲折线条弧度等如出一辙，可谓一对，
而斯炉手头更显沉笃，工艺逾精，
『大红袍』皮色也难得尚有保存。
《自珍集》中王老如是评价彼炉：
『丈言乾隆炉极少，小而精者仅此一件。』
斯炉之稀见度可见一斑。

斯炉为官造中的官造，即为宫廷用器，
其型制及口沿、耳部、颈项、敷色、衔环、内膛、用料等各工艺处理，
均与常见的文人用清早期棋足压经炉差别较大，
殊为罕见，仅此一例。

此式风格，
更接近故宫博物院清宫旧藏铜炉里的
『大清雍正年制』款蚰龙耳炉，
尤其是款识笔画笔道匀整、布局谨严，
与彼件『雍正』炉款十分近似，
当是仍沿袭雍正一朝的写款风格；
从型制的一脉相承来看，
斯炉与前述拙藏『大清雍正年制』款，
九思筒炉的铜质、敷色、工艺亦有类似和传承。
以此推断，斯炉应是乾隆早期沿袭雍正朝的创新炉形之作。
或是出于对父亲的孺慕和延续，
抑或是对其特立独行审美的欣赏。

值得注意和探究的是，雍正、乾隆年号款的宫廷制炉，
与同一品类的普通官造炉以及民间文人流行制品相比，
总有『大同而小异』的用心制作处理：
制式、造型、用料、工艺、款识等等，
在整体趋同的大框架下总是别具巧思、特立独行，
最终这些宫廷成品更加独特、雅致、精炼、压手和精工，
处处显示出『高人一等』的不同凡响气概。
这一点，无论是从王老藏的『大清乾隆年制』款蚰龙耳炉、
故宫藏的『大清雍正年制』台几炉还是拙藏的斯炉、
『大清雍正年制』款九思筒炉，都反映得淋漓尽致。
或许这是为体现与芸芸众生及汉人臣子不同的等级和民族差异，
清代宫廷制炉在皇家体例下的最大坚守和底线吧。

宣德六字款筒炉

口径：七・八 厘米
高度：六・五 厘米
重量：三六二 克
款识：『大明宣德年制』六字楷书款
年份：清早期

斯炉原生态，藏青色原皮，
平口折沿，直筒身形，自上而下微收，
至底部顺延而出三乳足，浑然一体；
底部中央开框刻宣德六字楷书款，沉度风格。
此外别无雕饰。

斯炉小巧素雅，纯以曲线取胜，深得极简主义精髓。
可谓不着一工，尽得风流。

清早期及之后素筒流行折沿而非明式直壁，
此为一大鉴定要点。

钵炉，《宣德彝器图谱》记载为『钵盂炉』，『分列大小两种尺寸，皆八炼洋铜铸成』，系仿宋代填漆款式铸造，为宣炉款式中唯一仿自漆器者。

钵原为佛门法器，传说宣德皇帝曾专门铸造钵炉，颁赐给天下名寺以供礼佛之用。钵炉最为常见的是铺首衔环钵炉，绝大多数为清早之后制品；其他还有兽耳钵炉、莲瓣纹钵炉、素钵炉等，尤以素钵炉最为少见，亦出绝品。

雾集款钵炉

口径：八·一厘米
高度：五·五厘米
重量：三八五克
款识：『雾集』二字篆书款
年份：明末清初

斯炉即为素钵炉，皮壳色若熟栗，水红铜内含沉穆精光；通体光素，造型简约，线条圆弧流畅，器壁厚薄适中；束口起线，丰肩圆鼓腹，弧腹下收于直切平底，呈上阔下窄之势；炉底开方框精刻『雾集』二字篆书款，铸后精修，清晰规矩，既得明之雅逸，亦有清之仪轨。

『雾集』一词，原意为雾气聚合之态，常引申比喻盛多，多做『云合雾集』，《史记·淮阴侯传》有言：『蒯通曰：……天下之士云合雾集。』此处刻为炉款，正好现其本意：香烟袅袅、雾气弥漫，君子端坐其间，闻香悟道是也。

炉中香一缕 弥于眉目高
心无杂念起 尽脱凡俗气

宣炉诞生于中国文人精神最为勃发的年代，
文人参与宣炉的创作，
赋予其迥异于其他工艺品的文化内涵与气质，
是宣炉成为文房首器，
审美高于一般文玩的根本。

虚节款弦纹法盏炉

口径：九·八厘米

底径：四·八厘米

高度：五厘米

重量：四〇二克

款识：『虚节』二字篆书款

年份：明晚期

斯炉大美不言，可谓宣炉精神及文人制炉之代表。文人亲自设计、亲自写款，处处创意既完美体现了宣炉特有的素雅轻灵、文人气度，又反映出设计者的才华和个性，是设计者个人风格和艺术追求的完美结晶。

斯炉敞口，型似茶盏，弧壁至底，鼓线平滑，炉膛内外皆打磨，曲线之美，少出其右者。此类型制极罕见，同者未见一例，类似者仅见《金玉青烟》第八十一号明炉，彼炉应与斯炉为同一年代之物，杨炳祯先生定名为弦纹洗式炉。然洗式炉为仿宋代汝窑水仙洗，与此炉形仍有较大差别，且彼炉口大而底宽，似大笔洗，差异仍甚多。

斯炉余定其名为竹节弦纹法盏炉，类宋代建盏造型，素雅无匹、张口宏阔，收底却极明显，因此对比强烈。敞开之炉口保证了一炷香点燃时香灰不至外洒，收足之造型则保证了重心最大限度下移，令其小巧而压手；内膛精细打磨，周壁内外皆光照如镜，膛底显细密跳刀痕；器壁自底足向口沿渐薄，口沿薄锐、微弧外撇，曲线圆融、比例谐美；腹部、底部各起一道竹节弦纹，浑圆硬朗，凸显造型之立体与力度；下承三云板足，余再无任何修饰。

有研究称，斯炉形制应专为打篆香而制。唐时起有以篆字形做香，为计时用。此炉口径宽阔，最宜篆香。挑灯夜读时，品宝光皮色，观篆字渐消，便觉古意盎然，诗兴大发。

斯炉造型上别出心裁，更在于两道竹节弦纹的设计，既增加了力度与美感，又与款识的意义相得益彰、互为呼应，堪为绝妙构思。『虚节』二字篆书款，以刀剔錾凿而成。笔力劲透、构图古雅，款底笔画间有剔凿之痕，疏密有致、细妙精确，繁而不乱、笔意十足，为明代晚期款识风格。『虚节』乃虚心有节、抱虚守节之意，为文人以竹之品质自励，正和器型上的竹节弦纹对照。竹为中国文人品格的寄托和象征，竹茎中空是为谦虚，竹节分明代表气节。竹的虚怀若谷、守节不屈，正是中国文人高昂气节的写照。

斯炉铜质精纯细糯，红斑隐现，壁匀薄而压手。细密红亮铜质配以宏阔炉膛，轻扣似揉弦于琴，绕梁清音久久不绝。据为良友，皓月清宵伴读，焚香舒啸之间，岂不乐哉？

宣德六字款天鸡耳炉

口径：八·三厘米

高度：五·九厘米

重量：一一五五克

款识：『大明宣德年制』六字楷书款

年份：明晚期

昔年北京春拍，同一拍场现身两只圈足簋式的高身天鸡耳炉。
拍行之人不甚懂炉，错标为狮耳炉，估价亦相同；
彼时市面冷清，最终拍价亦相差未几。
一只高身长发天鸡耳炉，一眼断清早期；
一只即为斯炉，后为余所得。
圈足簋式天鸡耳炉中高身长发，
俗称『一只梨』的较少见，最罕见的则为斯炉一类：
高身、短发、小头、年份极好、手头奇佳。
余平生另仅过眼两只，
一只为故宫博物院清宫旧藏『兴翁清玩』款，
原藏故宫敦本殿、毓庆宫，尺寸较大，
口径九·五厘米、高度八·六厘米，重达一八二八克；
故宫定为明代、二甲文物，
但名称粗略写为狮耳圈足炉——故宫专家亦不甚了解宣炉，
谬误也；另一只为『紫族山房』款，大小与斯炉相似，
亦为绝品，唯数据、品相略逊。

斯炉为余平生所见手头最好之宣炉，
口径不过两寸半，重逾两斤三两，掂之浑如金元宝。
究其原因，盖炉唇虽薄，炉壁高身且逐渐加厚，至底部则愈厚；
加之铜质精纯，灿若黄金，达宣炉制造之极致。

斯炉天鸡耳古拙雄健，炉底面平滑似镜，炉身饱满宏阔，
残存出炉红皮依稀可见，
遥想数百年前全身『大红袍』时之惊艳。
轻托于掌间，叩之音丽，婉约缠绵，似古琴幽怨，
似佳人思春，妙音天籁也。

大明宣德年製

法盏炉在宣德炉谱中，
分为『雁翎法盏炉』『悬珠法盏炉』
以及『连珠法盏炉』等三种式样，
均为仿自元朝枢府窑的款式，
后期亦发展出兽耳特别是天鸡耳、
铺首衔环、无耳等多种样式。

法盏是道家施法时所使用的法器，
故传说在宣德年间，
此类炉用以御赐给各道教宫观。

宣德六字款悬珠法盏炉

口径：八·五 厘米
高度：七·二 厘米
重量：三七一 克
款识：『大明宣德年制』六字楷书款
年份：清早期

斯炉器型为悬珠法盏，熟栗色原皮、原洒金。
炉似盏，然上下径差别不似寻常法盏过大，近似仰钟；
广口平唇，内外壁皆打磨平滑光洁；双耳如戟，带双云头珠；
斜腹而下，细看可觉筒身并非笔直斜线，
而在中部微微内收，形成劲挺有力曲线；
下承三实心如意足，强壮有力；
炉身遍布洒金，富丽而不失雅致；
底部起坏后内凹平面，中央开框，
铸后精修宣德六字楷书款，
极意精整，规范妥帖，非寻常工匠可为。
斯炉小巧大气，艳而不俗，贵而清雅，
制式、工艺、款识等均不似民间器物，有谓康雍宫廷器物也。

《宣德彝器图谱》记载，戟耳炉仿宋瓷款式而制，
以其耳如兵器中的戟得名。

戟是古代车马作战时的长兵器，
可远距离克制敌方进攻。
刑者克也，与戟特性相符，
传说宣德皇帝以戟耳炉御赐刑部尚书左右侍郎，
有安邦卫国、平准正义之意。
广义上说，带有戟耳的炉品类不少，
如马槽炉亦可称为戟耳长方炉；
狭义上来说，戟耳炉形制主要是圈足簋式戟耳炉，
以及颇为稀贵的戟耳筒炉。

苍菴款戟耳炉

口径：七·八 厘米
高度：六·五 厘米
重量：九八六 克
款识：『苍菴』二字篆书款
年份：明晚期

斯炉为圈足簋式戟耳炉，为此品类中极为稀见器型；
亦为此品类中罕见的明代标准器。
斯炉原生态、浓绿色原皮，精炼水红铜，重堪比金；
薄口鼓唇微微外撇，内外打磨，束颈鼓腹，重心下坠，
精细弦纹修堂；
双耳矗持腹部上侧，上下端平圆，
灵动轻巧、作势欲飞，耳孔圆润、精雕细磨；
腹部直接下垂承底，浑然一体，底面玉璧底工艺，
精工打磨，曲线优美，中间开框刻『苍菴』二字繁方篆款，
笔力苍劲，对仗规整，迎面一阵明风苍茫之气。

『苍菴』为何人斋号暂未可知，
然斯炉内外圆润、古朴天然，素风雅韵皆备矣。
线条增一分太肥，减一分太瘦，处处简约玲珑，透出文雅素静之态。
斯炉铜色，皮色尤为惹人怜爱。
长久盘养后有皮处润如翡翠，包浆含蓄而冷静，
露铜处则精光四溢，赤红耀眼；
皮色浓翠，铜色赤红，绿晕其上，红色其里，
微抚即亮，微温即润。
斜阳半醉不归，枫叶碧草落霜，妙不可言。

圈足簋式戟耳炉多清早期及之后制品，
其形厚口撇唇，双耳硕大，耳腹皆垂，佳器少见；
与斯炉相比，类萤虫难及皓月也。

苍苍冷月瑟瑟风
翠翠草庵落落钟
世间悲欢来复去
谁执灵戟护心胸

戟耳筒炉以数量稀少、品质卓越、年份较早，
于庄严中带文雅之气，甚受藏家追捧喜爱。

王世襄王老藏炉中即有三例戟耳筒炉，
皆为老先生钟爱。

戟耳筒炉的炉形接近，
主要的细分类型的区别在于炉身，
一类是直上直下的直筒型，
一类是口略大底略收的杯盏型，前者更讨喜一些。
戟耳铜炉的尺寸一般是口径大约十·五厘米、
九·五厘米和八·五厘米三类，
更大更小其他尺寸的目前未有出现，
或为清中晚期粗陋制品。
古人制物，皆有定例也。

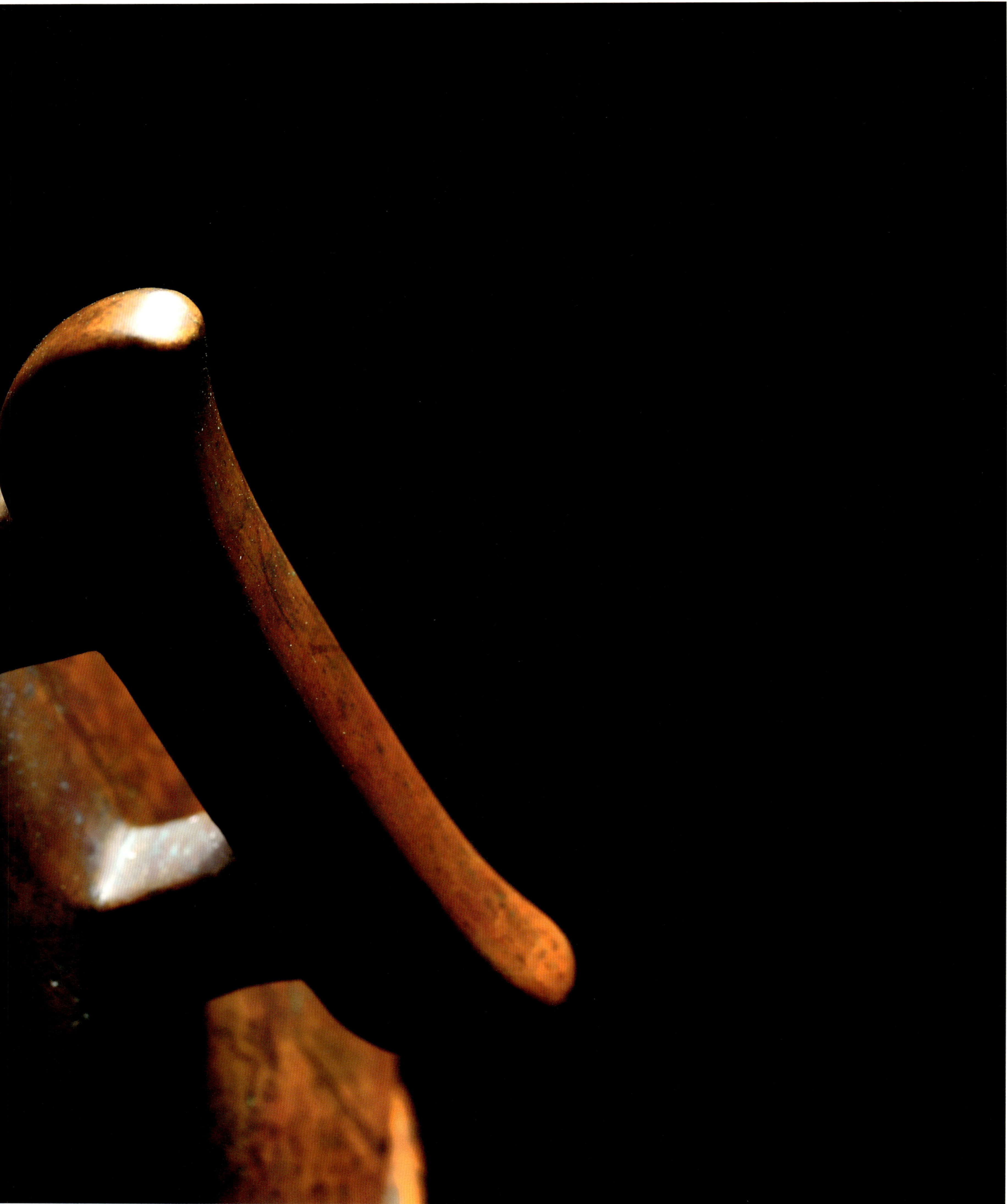

很石山房款戟耳筒炉

口径：八·三厘米
高度：五·九厘米
重量：八八七克
款识：『很石山房』四字篆书款
年份：明晚期

斯炉直筒型，直壁平口、内外打磨，直上直下、略有束腰；
炉身两侧起双戟耳，耳若弯月、耳洞长方，
双戟造型刻画极具力度，线条尤为平直凝练，
势略内收，为整炉轮廓添法度俨然之气；
炉身下承外撇矮圈足，稳重厚实，持之坠手似金；
平底方框内刻『很石山房』四字繁方篆款，
刀精工妙，镂刻峻峭，挺拔劲健，细致工整。

很石，石名，在江苏省镇江市天下闻名的北固山甘露寺前，
状如伏羊。相传刘备（一传诸葛亮）曾坐其上，与孙权共论曹操。
唐代罗隐《题润州妙善前石羊》诗曰：
『紫髯桑盖此沉吟，很石犹存事可寻。』

北宋苏轼有《甘露寺》诗序：『寺有石如羊，相传谓之很石，
云诸葛孔明坐其上与孙仲谋论曹公也。』
《甘露寺》诗写道：『很石卧庭下，穹隆如伏羱。』
南宋姜夔《永遇乐·次稼轩北固楼词韵》词云：
『云隔迷楼，苔封很石，人向何处。』

以『很石』为书斋名号和用炉款识，
表达了主人仰慕先贤、激赏英雄的心态，
也很可能显示其所居地理位置即在北固山附近，然已不可考。
而『山房』为古人对书斋最正统的称谓之一，
在宣炉款识中并不多见，
私家款识相对常见的是斋、堂、阁、楼等称谓，
稀见又明确是书房的大致只有：山房、书屋和草堂，
类似的炉款有异云书屋、岐山草堂等。
这类称谓入款，明确表明了必是文人墨客用炉，
档次自然高出数筹。

斯炉皮色均匀完美，熟栗色闪莹澈金光，
又似冬枣初熟，水天一色；
通体光泽并不刺目，而是莹柔沉着，淡雅之间藏奇光；
炉形则予人沉稳文雅之感，不事繁缛而意蕴古拙。
静室书斋置斯炉，幽兰明窗下，
一瓯茶、一炉香，有助禅思。

大明宣德年製

赏珍
清竹斋
琴炉
（四二〇至四三九）

中国社会自古重视音乐，孔夫子制六艺中就有『乐』。
古代宴乐场上、文人学士书斋中，离不开琴、瑟、筝、箫。
为了营造高雅清香的环境，置于古琴之上，
专门为抚琴弹筝用的小型香炉也应运而生，并且有了一个极雅炉名——琴炉。

宣炉中的琴炉，俗称『一炷香』，口径一二寸，重一二两至半斤，
可点一炷线香，可随身携带，可一手把玩。
在明人笔记、小说、戏曲中常见到，文震亨《长物志》卷七描述备具匣时提及：
『下格稍高，置小铜炉一精致者，皆可入之，以供玩赏。』其时文人结伴郊游、山宿在外，
必带备具匣，而琴炉是备具匣中必不可少的对象，以供把玩、焚香、品香。

琴炉既为古人随身之物，必多精致小巧，但过小的造型也不利于展现宣炉所有的品质，
特别是手头、工艺和造型。方寸小炉无所欠缺，可一一符合『品炉九点』者罕矣。

余以为，藏炉既要追求顶尖之炉，也应喜拾特色之炉，
求其独树一帜之味，此数枚小炉即为此例。

可谓掌上小宠，风味独特。

大明
宣德
年製

宣德六字款蚰龙耳炉

口径：六・五厘米
高度：三・二厘米
重量：三二二克
款识：『大明宣德年制』六字楷书款
年份：明晚期
出版：《金玉青烟：杨炳祯先生珍藏明清铜炉》第二一七页，（台湾）历史博物馆，一九九六年。

斯炉为平生所见最小之明代蚰龙耳炉，扁而压手、温润如玉，难得款识亦精美，尽得明代浅刻一刀精髓。拍场得见即不胜欢喜，高价拍得，随身携玩。

斯炉亦为杨炳祯先生旧藏，著录于《金玉青烟》。自一九九六年在台湾省历史博物馆展出并出版《金玉青烟》后，杨炳祯先生所藏宣炉以品种繁多、品质卓越而广为人知，为藏界所敬仰。

斯炉持之坠手，叩之音清，内蕴端正古朴之气，虽小而不可轻之。

宣德二字款鬲炉

口径：七·四 厘米
高度：五 厘米
重量：五七七 克
款识：『宣德』二字篆书款
年份：清早期

此类清三代流行之高身宣德篆书款鬲炉，有宣德四字、三字、二字款，口径跨度很大，大者近尺，小仅二三寸，斯炉为所见最小者。

斯炉满红皮，上附斑斑绿锈，二色交相辉映，别有趣味。

洗口，宽颈，上起弦纹两道，圆腹鼓凸；下承三足，足线内短外长，遗有明晚期鬲炉三足外撇感；炉体虽小，铜质精密压手，有社稷铸鼎之威；器底『宣德』二字篆书款，结体规整，铸刻深峻。制式严谨，高标奢料，有谓官造者。

《沈氏宣德炉小志》记载：『钵炉中以上下圆称者，名为宝珠。』

宣德六字款钵炉

口径：四·五厘米
高度：五厘米
重量：二〇一克
款识：『大明宣德年制』六字楷书款
年份：明末清初

斯炉周正圆浑，口径底径尺寸相近，即为钵中上品『一粒宝珠』。炉身整体呈球状，水红铜厚实沉重；口沿起线，两侧置铺首，迥异于寻常清中期之肩部平伸兽耳衔环；炉身皮壳为熟栗色带细密洒金，灿灿如满天繁星，握之如黄金精炼；炉底微微内洼，中间六字楷书款为突出阳文，一体铸成后加修，甚为少见。

胡文明，明代万历年间云间（今上海松江）人，铸铜工艺名匠。
据《云间杂志》载：『（胡文明）按古式制彝鼎尊卣之属极精，价亦甚高，誓不传他姓。时礼帖称胡炉，后亦珍之。』

广义上来说，胡炉是明清铜炉的一个分支；
狭义上来说，胡炉不属于宣炉一脉。
胡炉多以整块铜板锤揲而非宣炉的失蜡法铸造；
胡炉多轻巧而不追求宣炉的厚重压手；
胡炉多华丽繁复、鎏金嵌银、
浮雕各类图案而不似宣炉以简约和曲线取胜。

胡文明开创了胡炉，胡家制炉一脉单传亦绵延数代；
作为知名品牌，更不乏直接盗名仿冒胡炉，
或其他匠人类似风格的制品，
因此胡炉及胡文明风格的铜炉自晚明至清中皆有，
成为此类风格铜炉的代称。
中国古代这种正品诞生后的延续流转扩大，良莠不齐，
在宣炉、子冈牌、供春壶、
张鸣岐手炉以及其他古代艺术品上都是如此。
面对各类同款，最核心的判断要素是品质、
工艺和年份，是否本人亲造，
很多时候既难实证亦无需过多纠结。

文明款海八怪钵炉

口径：五·二厘米

高度：四厘米

重量：一三〇克

款识：『文明』二字篆书款

年份：明晚期

胡炉器型多簋式和筒式，斯炉为少见的钵炉。整炉由一块铜板锤揲而出，体形为所见同类最小，乃『一炷香』抑或文房水盂；炉身满雕华丽的锦地鎏金海八怪图，浮雕各类海兽，形象生动、刻画精细、动势汹涌，虽经数百年但鎏金仍完整，明艳的金色与古雅的古铜色相映衬；底部平面，阴刻『文明』二字款。

海八怪题材在古代瓷器、铜器等艺术品上时而可见，以汹涌波涛作地，绘海马、狮、象、翼龙和鱼等各色海兽鱼类奔逐其间；此纹饰始于明宣德年间，历朝皆有制品。

莲瓣纹钵炉

口径：三 厘米
高度：三·七 厘米
重量：八十五 克
款识：无款
年份：清早期

斯炉甚小，只堪指尖一点；炉作钵式、唇口起线，肩部浮雕莲瓣纹一周，凹凸有致、颇为精细；丰肩敛腹、平底微洼、底部无款，唯见熟旧铜色。

莲瓣纹钵炉见有数颗，皆为禅意上品，大小均在二斤左右，斯炉为绝无仅有之最微小一枚；杨炳祯先生旧藏类似一品，仍大其一倍有余。

斯炉体量迷你却颇具手头，于指间玩赏，活泼可爱、不忍松指。

宣德四字款九思筒炉

口径：六·一厘米
高度：四·九厘米
重量：一五一克
款识：『宣德年制』四字楷书款
年份：清早期

斯炉鳝鱼黄原皮，筒式炉身，口部微微折沿，由口至底均匀铸三圈弦纹，每圈各三道，是为三元九思之意；炉底起圆台，内凹处刻宣德四字楷书款，方寸之间笔力劲健，仍有明风遗存。

斯炉为同类最小巧者，年份亦高于同侪。比例协调，斯文妩媚，可谓器小工精，丝毫不怠，掌心珍宠也。

正德款如意耳橘囊炉

口径：六・三厘米
高度：三・八厘米
重量：二〇三克
款识：『正德』二字草书款
年份：清早期

斯炉造型仅见，簋式厚铸炉身，做橘囊工艺处理；口沿『泥鳅背』打磨，两侧起如意耳；下承圈足，内为玉璧底；中间开框铸『正德』上下二字草书竖款，龙飞凤舞、飘洒自如。

『正德』款无公认到代或出土标准器，即或是甘肃博物馆的馆藏阿文炉，亦无确切考据是正德朝制品；草书款出现时间亦较晚，尚无入明实例。宣炉的款识，无论是文字内容还是书法风格，在入清的第一个盛世发扬光大、推陈出新，是由现存实物得出的合理结论。

嵌宝石羊耳炉

口径：五・二 厘米
高度：五・六 厘米
重量：一七五 克
款识：无款
年份：清早期

斯炉缶式，敞口、束颈、耸肩，肩部分铸三羊首，铸后精雕，栩栩如生，合取『三阳开泰』之意；羊首之间雕刻大面积如意纹，如意纹上镶嵌红、蓝、白三色宝石，富丽华贵。

胡文明款识的铜器目前存世数量不少，炉、瓶、盒、如意、笔筒等文房各类器物皆有，其间或有胡文明亲制真品，然绝大部分是历朝历代仿品。这些艺术品的鉴定及价值主要还是看风格、造型、年代特征和工艺水平。

胡文明制款四君子筒炉

口径：六·三厘米

高度：六厘米

重量：四一二克

款识：『胡文明制』四字篆书款

年份：明晚期

斯炉筒式，与胡炉大多为锤揲而成不同，斯炉整器一体铸造而成，因而罕见的敦厚压手兼且玲珑精巧。筒身平口，非清早期折沿而是明式直壁，异常厚实且内外打磨；腰部微隆下收，上下环錾两圈回纹，下承云板如意足；底部微弧近平，中央阴刻方章篆款『胡文明制』，刀刀见力、笔笔见工；炉身四周通景开光，以细密珍珠锦纹为地，高浮雕四季最有代表的花中四君子：梅兰菊荷，并以浓厚鎏金装饰，以突出主题纹饰；虽花叶叠聚、枝繁叶茂，然脉络清晰、一丝不苟，俱见深厚功力。古玩收藏，以真、精、稀者为主旨，斯炉即是。

精雅别致，入手沉笃，做工繁复，
集铸造、鎏金、錾刻、浮雕、错金于一身，
捧于掌心方知妙绝。
明代文人的审美观可窥知一二：
『纯朴率真，天然去雕饰』与『精工绚丽，
穷工殚巧』的风格兼容并蓄，
正如斯炉周身堂皇华丽、
神韵风采绰然又包含文雅气息，
即属华而不俗的文人趣味之作。

斯炉为典型的晚明制品，工艺之精，用料之奢，
非胡文明亲制难为也。
遍查资料，不见有与之完全相同者，
或为胡文明为官家士大夫定制之器，
随身藏袖把玩之品。
香港苏富比《水松石山房藏珍玩专场》
曾释出一枚『明万历鎏金铜嵌银线饕餮纹瓿式炉』，
造型风格、工艺特征与斯炉如出一辙；
上海博物馆藏胡文明长子胡光宇制，
一枚鎏金刻花三足炉，与斯炉风格类似，
所饰亦为四季花卉，
可从中体悟胡炉一脉单传之铸技。

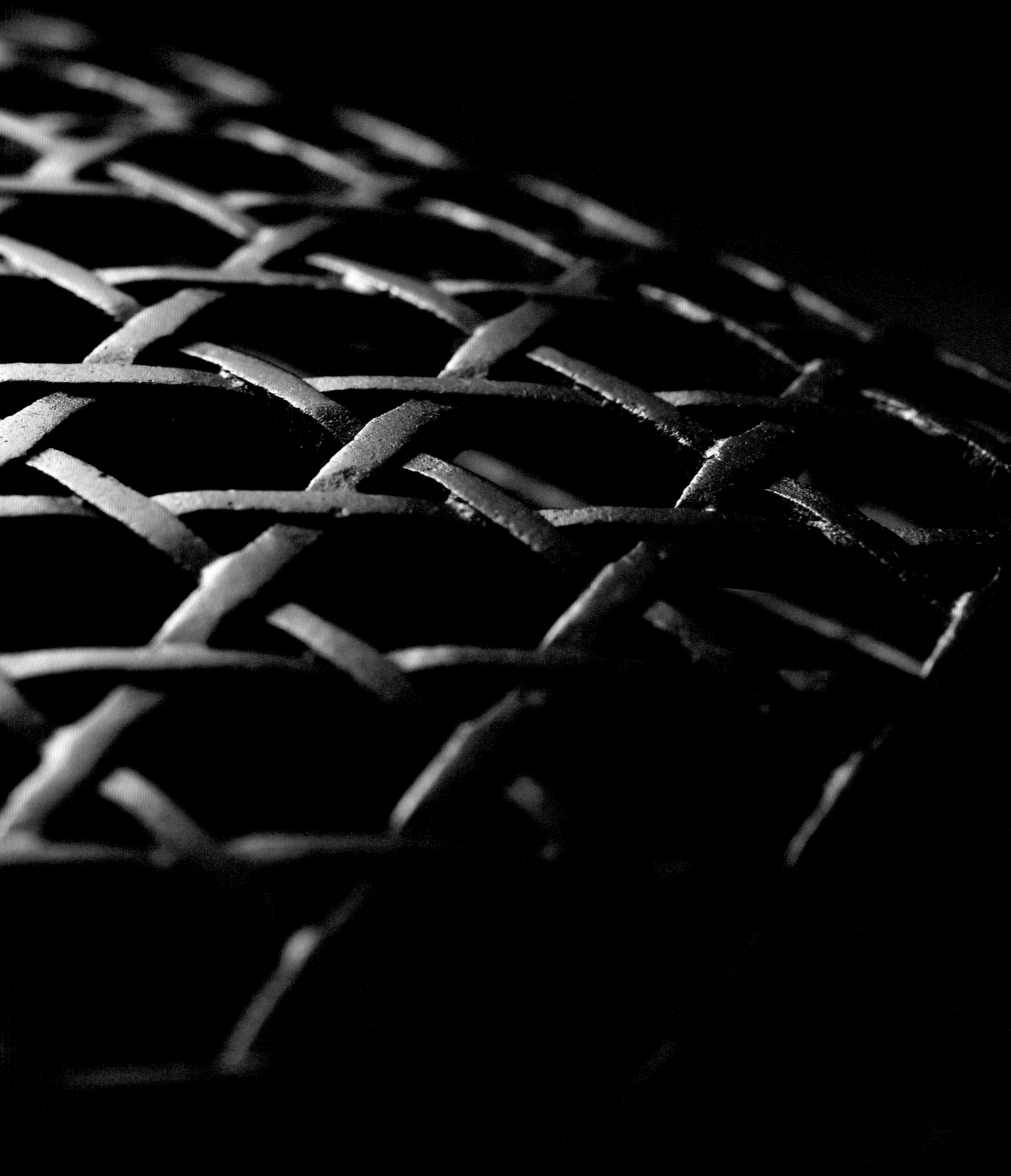

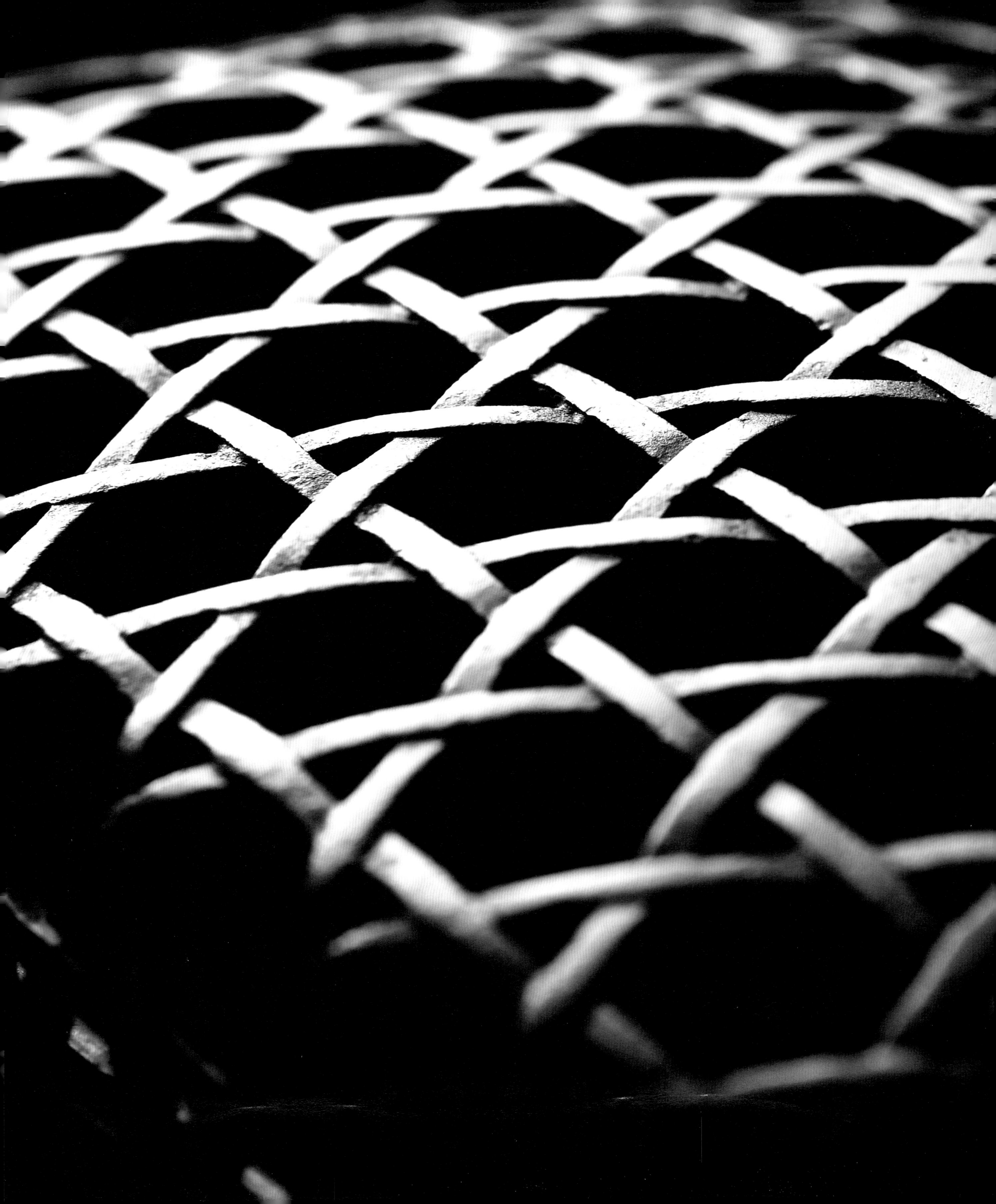

手炉
（四四〇至四七三）

手炉，古时冬日取暖之物，多为铜制，因可捧于手中、笼进袖内，
所以又名『捧炉』『袖炉』；炉内装有炭火，故也称『火笼』。
手炉的制作，在明清时期达炉火纯青之境界。
早期的银、铁、瓷等材质被大大减少，而广泛用铜。一因铜的传热性较好，捧在手上更暖和；
二因铜材细致光滑，色泽晶莹，且柔中带刚，富有延展性，
于制造上有更大的发挥余地，亦不易锈蚀和裂坏。

明代屠隆《香笺》载：『书斋中熏以炙手，对客常谈之具，
可称清赏，今新制有罩盖方圆炉为佳。』
可见彼时之手炉，于文人墨客已不仅是取暖、熏香之器，亦为精工巧作的赏玩佳品。

明代特别是晚明的铜质手炉制作工艺尤为成熟，
涌现出张鸣岐、王凤江等大批名家巧匠，他们的作品格调高雅、工料俱佳、精美绝伦，
可谓形、艺、韵、意齐美，堪称手工艺品中的珍品。
这类晚明名家手炉，用一整块厚铜料锻打锤揲而出一把手炉，
无柄尤为珍贵，有柄亦无任何焊接痕迹，浑然一体、文雅简练；
清代手炉则开枝散叶、多头发展，集多种工艺于一身，变得花哨富贵起来。

明代手炉制作大家首推晚明的张鸣岐，
张鸣岐制作的手炉可谓明代手炉最经典、
最卓越的杰作，历朝历代亦皆有仿制。

张鸣岐是明代嘉靖万历年间浙江嘉兴人，
善制铜手炉，时称『张炉』。
张氏制炉选用精炼水红铜，铜质纯净、可塑性强、光泽古雅；
工艺特色是不用镶嵌或焊接，而用一整块厚铜料锻打锤揲而成；
炉身造型简洁朴实，
不事雕刻而纯以富变化的曲线体现极高美感；
炉盖雕镂，雕工精细但承受力极强，脚踏不瘪；
炉盖炉身吻合紧密，经千万次开合而不松动；
炉体不锈蚀，炉中炭火即便烧得很旺，抚之亦不烫。
张炉之妙，于古书《鉴物广识》《新溪杂咏小集》、
《梵天炉从录文物》等皆有记载，
故在当时即为价值不菲的珍玩雅物，一炉难求。

張鳴岐製

缠枝莲纹盖四方手炉

长度：八·二厘米
宽度：八·二厘米
高度：七·二厘米
重量：五二一克
款识：『张鸣岐制』四字篆书款
年份：明晚期

斯炉即水红铜为材，满身薄绿锈，状如翠玉，娇艳欲滴；器身光素，胎壁厚重，持之坠手；炉形正方，直口溜肩，弧腹渐收，四边巧为倭角，线条婉转柔和，圆润饱满中兼具飘逸；炉盖镂空雕缠枝莲纹，精美工致，炉盖与炉身极为吻合，虽久用而不松；炉身上起提梁，厚薄适中，轻巧灵动；四面平底，中央阴刻方章篆款『张鸣岐制』，笔力劲道，自然飘逸，或为张鸣岐本人亲制。

缠枝莲纹盖椭圆手炉

长度：七·七厘米
宽度：六·二厘米
高度：六厘米
重量：三八二克
款识：『张鸣岐制』四字篆书款
年份：明晚期

斯炉水红铜制，呈色暗黄、暗蕴枣红；小巧精致，胎体厚重，颇为压手；炉身椭圆形，线条饱满，状如『鹅蛋』；直口平底，肩外鼓而下腹弧收；无提梁，盖圆拱，镂空雕缠枝莲纹，几可乱真，与炉身扣合极为紧密。

斯炉虽小，包浆沉厚明亮，造型简练精准，可谓典雅秀丽兼富于变换，一手攥之可以把玩，堪称上品。

清代手炉品类繁多、材质广泛，
铜质手炉是绝对主流，
其他金属及掐丝珐琅等材质亦有一席之地；
至清中期后，
手炉制作随宣炉及其他工艺品一样江河日下，
唯至清晚期，几大名家如赵一大、
张顺兴等开创了顶级白铜手炉，
犹如『同光中兴』一般，
带来手炉艺术最后的高潮。

清代顶级白铜手炉的特点是：
白铜为质、无缝焊接；
炉身无纹饰、炉盖镂空雕刻各种几何及喜庆图案；
通常带手柄，手柄有竹节、雕花、梅枝等造型；
精雕细磨，工艺精湛。

缠枝莲纹盖白铜圆手炉

口径：八·二厘米
高度：七·七厘米
重量：三九三克
款识：『张顺兴号』四字篆书款
年份：清晚期

斯炉即为晚清手炉名品，白铜打造，炉身浑圆简洁，两侧起圆滚炉柄，镂雕缠枝莲纹炉盖，底部内凹打洼，中央四字篆书款『张顺兴号』，即炉坊名号。

竹编纹盖长方手炉

长度：九·九厘米
宽度：七·四厘米
高度：七·一厘米
重量：五五〇克
款识：『风江』二字篆书款
年份：明晚期

斯炉水红铜制，一整块厚重铜料锻打锤揲而成，作长方形；
直口、鼓肩、椭圆腹，炉身光素、方中带圆；
无提梁，上配镂空竹编纹炉盖，
穿插竹篾、栩栩如生，为当今最受追捧之炉盖造型；
炉底四平，起四小台足，
新颖独特、四平八稳，可置案上熏香；
中央阴刻『凤江』篆书方款，对称规整、精巧喜人。

凤江，即王凤江，晚明嘉兴人，与张鸣岐齐名。
古书记载其善制铜炉，
『名亚于张鸣岐，而技殊不逊；所制手炉精绝，
款识刻镂似出鸣岐上，颇异常制。』

王凤江手炉目前所见常多花式雕工炉盖，
极尽繁复，如『荷塘鸳鸯』图案，
此类简洁竹编纹盖罕见。
斯炉为新加坡大藏家郭克礼旧藏，
后于香港佳士得释出，入藏山房。

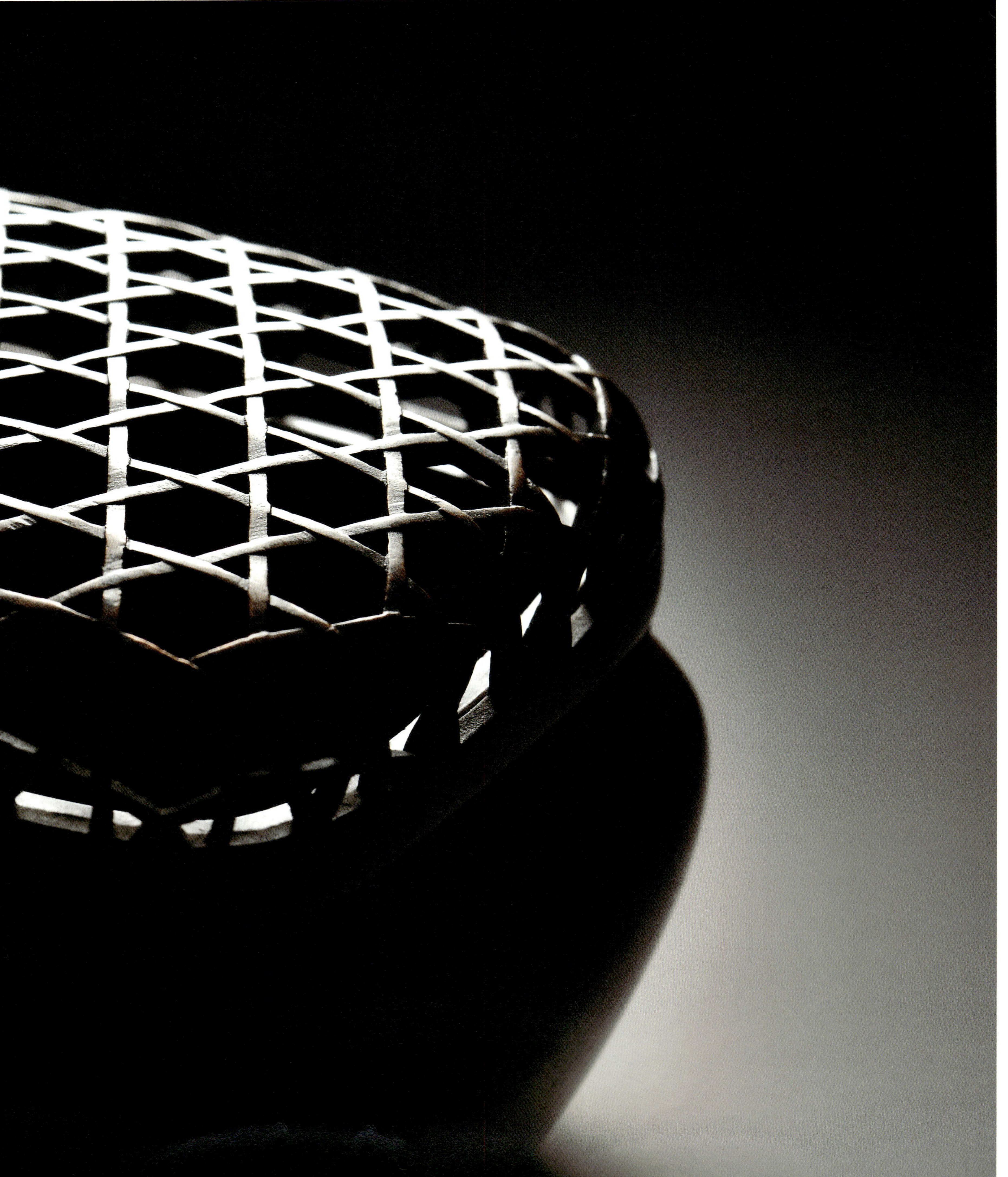

竹编纹盖长方手炉

长度：十·三厘米
宽度：七·三厘米
高度：七·二厘米
重量：四九二克
款识：『不知寒到但觉春回 张鸣岐制』
十二字篆书款
年份：明晚期

斯炉水红铜色泛赤，足见铜质精纯；长方形，无提梁，造型类似前『凤江』炉，然底部工艺大异：外起圈足台，内洼平面，中央竖向三行，阴刻十二字篆书款，分别为短诗一句『不知寒到但觉春回』及『张鸣岐制』，书风飘逸潇洒已极，点明手炉增暖唤春之用处，意蕴十足。

竹编纹盖长方手炉

长度：八 厘米

宽度：六 厘米

高度：六 厘米

重量：四五〇 克

款识：『张鸣岐制』四字篆书款

年份：明晚期

斯炉较同类竹编纹盖、长方形、无提梁『张鸣岐制』手炉尤为小巧珍贵，惹人怜爱。胎体厚重，内膛锤揲痕迹明显；竹编纹盖高抛造型，与炉身整体和谐挺拔，俗称『小面包』；炉底四平，起四小台足，端庄稳重；底面款识亦非典型方章款，为竖向单行阴刻四字篆书『张鸣岐制』，书风飘逸，字字如刀，阅之大美。斯炉当年既可置于案上，亦可藏于袖中，用时捧于手上；沉静素雅，乖巧可爱，为张鸣岐为顶级文人雅士打造之铭心爱物。

張鳴岐製

竹编纹盖正方手炉

长度：八 厘米

宽度：八 厘米

高度：六·七 厘米

重量：四九三 克

款识：『张鸣岐制』四字篆书款

年份：明晚期

斯炉通体熟栗皮色，宝光润泽，古韵风雅，气质内敛；圆角正方形，直口直壁，四面曲线微鼓；底部浅卧圈足，微微内凹；中央方章刻款，深峻有力。

斯炉北京户家所出，原物主一九九五年购于北京文物公司瀚海拍卖，落槌价一万七千六百元，其时可谓天价，二十余年后长辈逝去即释出。安徽一炉书屋何兄千里奔袭赴京取炉，户家一生仅此一次，防备心重，指定在居住地派出所门前交易；戴口罩、打暗号，数现金，一手交钱一手交货，颇为戏剧化。在此记之，谢之。

張鳴岐製

張鳴岐製

竹编纹盖正方手炉

长度：八·九厘米
宽度：八·九厘米
高度：七·五厘米
重量：五二五克
款识：『张鸣岐制』四字篆书款
年份：明晚期

斯炉色泽深沉、红斑隐隐，莹莹如蕴宝光；炉身厚薄均匀，作圆角四方，丰肩敛腹，往下渐收；竹编纹盖雕镂极巧，凹凸有致、立体感强，竹篾叠压颇有层次感，与后世仿者之呆板风格迥异；炉底四面平，阴刻篆书『张鸣岐制』四字方章款，小巧细致、风格飘逸，非为俗人俗情所得。

《手炉》清　张劭

松灰笼暖袖先知，银叶香飘篆一丝。
顶伴梅花平出网，展环竹节卧生枝。
不愁冻玉棋难捻，且喜元霜笔易持。
纵使诗家寒到骨，阳春腕底已生姿。

竹编纹盖圆手炉

口径：八 厘米
高度：六·七 厘米
重量：二七八 克
款识：『张鸣岐制』四字篆书款
年份：明晚期

斯炉通体圆形，中胎锻打，炉底四面平，阴刻标准张鸣岐方章款，玲珑可爱。昔有妄人拟为其后焊三金足，幸未伤其根本。入藏山房后皆取之，复其原貌；数百年沧桑，今得如初矣。

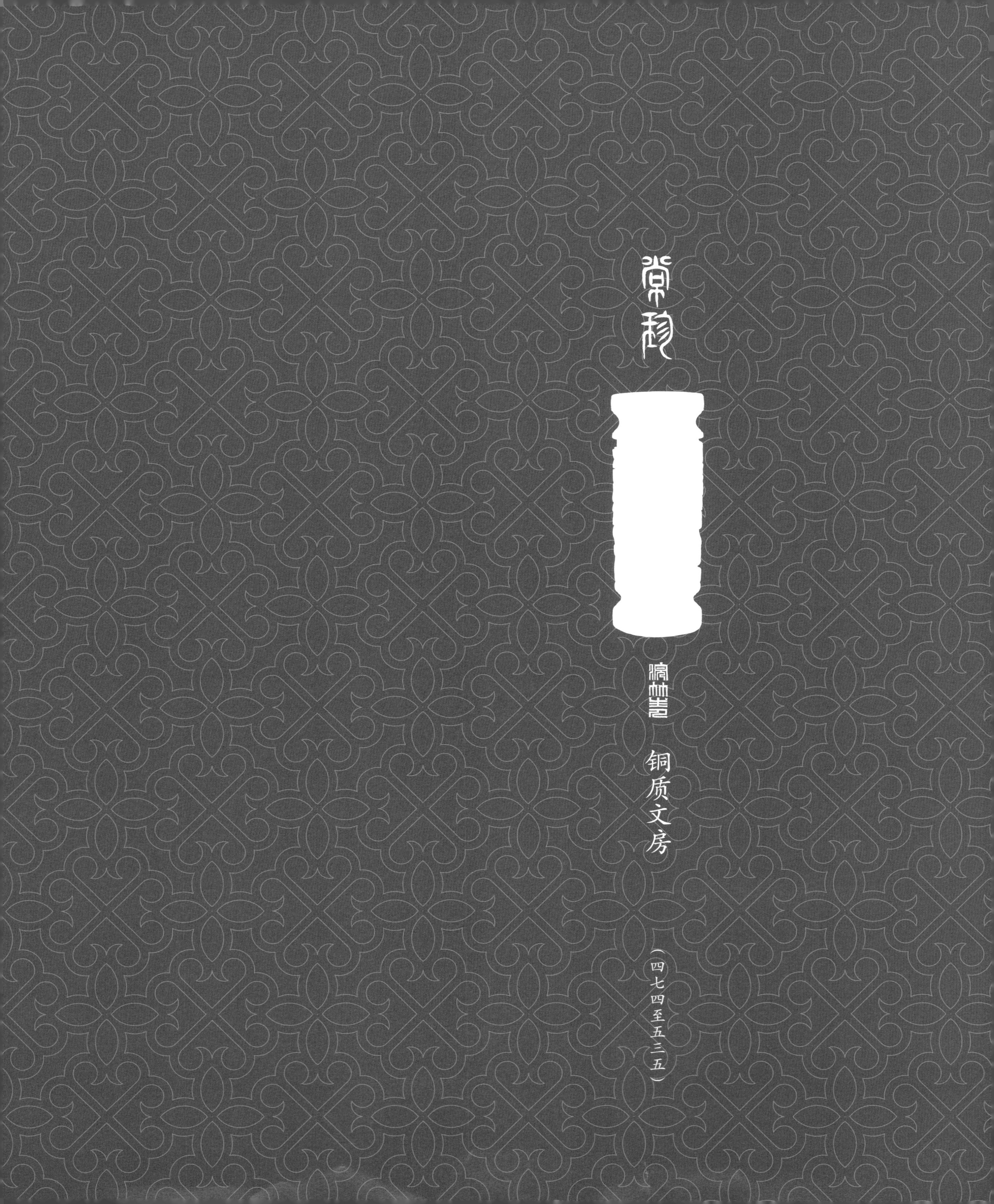
铜质文房
（四七四至五三五）

古人书斋里的文房用品材质众多，

金银铜铁、竹木牙角、瓷陶石纸，可谓应有尽有；

单就铜质文房，亦可谓琳琅满目、品类繁多，

宣炉之外，炉瓶、花插、赏瓶、香盘、镇纸、笔架等等，

皆有出类拔萃之品，很多亦受到宣炉制作工艺与用料的影响，

表现出艺术本源上的趋同性。

宣炉是独立的艺术品类，
宣炉使用在明清两代有严格的要求和标准，
也有不可或缺的配套用品，
炉瓶、炉座、炉盖、香盘、香盒、
内胆等等均为炉之伴侣，不一而足，
其中宣炉、炉瓶、香盒并称为『炉瓶三事』。
《红楼梦》第五十三回有云，
『这里贾母花厅上摆了十来席酒，
每席旁边设一几，几上设炉瓶三事，
焚着御赐百合宫香。』

胡文明式炉瓶

口径：四·五厘米
高度：十一·八厘米
重量：四六〇克
款识：无款
年份：明晚期

斯瓶为胡文明式瓶中经典造型棒槌瓶，
无款、嵌底，亦是明代铸瓶工艺常见特征；
精雕兰花山石纹，地章鱼子纹，
均为胡瓶流行图案，
体积、重量却较同型制胡瓶大约一倍。
如此硕大之胡瓶仅见，
未知当年配何巨硕之胡炉？

胡文明式炉瓶

口径：三厘米
高度：八·一厘米
重量：一八二克
款识：无款
年份：明晚期

与前瓶硕大相反，斯瓶较同类小巧许多，造型亦与典型棒槌瓶不同，独具特色。整体瓶身直上直下，口径、腹径、底径均一致；原嵌底、六道轧口，类同铜鎏金造像封底工艺；上下两处收腰，各精雕回纹一圈；瓶身高浮雕花卉山石图案，突出甚多，筋脉舒卷有力，纹饰写实自然，繁而不紊，无不透露出胡文明敏锐的观察力和纤细琢工。

斯瓶可谓精工绚丽兼备雅气风骨，亦即明代文人追求的和谐美感，确属华而不俗的文人高雅之作。非胡文明用心真品，难至此精也。

炉瓶盛置火箸、火铲之用，曾有用各种漆瓶或瓷瓶来盛，但箸铲均为铜铁制品，瓷漆瓶并不适用，仅可陈设、形同虚设，最合适的还是铜瓶。

宣德六字款直筒炉瓶

口径：五·九厘米
高度：十三·五厘米
重量：五一〇克
款识：『大明宣德年制』六字楷书款
年份：明中晚期

斯瓶器型硕大，炉瓶中稀见。
直筒型，黑漆古皮色，素雅端庄；
上三下二，分两处共起五道弦纹，
口部环刻莲瓣纹，下部环刻如意纹；
圈足内壁和瓶底一体铸造，非通常镶底，
交接处更有起台工艺；
口部莲瓣纹中开框，
横款单行精铸『大明宣德年制』六字楷书款，
书法工艺特征和明嘉靖时刻本一致，
应为彼时之物。炉瓶有款者甚少，
偶有胡文明类阴刻款者，盖底部面积较小，不便铸款。

宣德六字款直筒炉瓶

口径：三·五 厘米
高度：十一·六 厘米
重量：二九〇 克
款识：『大明宣德年制』六字楷书款
年份：明晚期

斯瓶亦为直筒型，精致素雅，状态完美；
鳝鱼黄原皮色，多年盘摸泛宝石光泽；
口沿以『泥鳅背』工艺打磨，
口部和下部各环刻一圈回纹，
口部回纹中开框，
横款单行精铸『大明宣德年制』六字楷书款，
铸后再精修，典型晚明书风；
回纹下紧邻环雕四条夔龙，首尾呼应，神气活现；
底部为原嵌底，皮色完全一致且略起弧度，圆润饱满。
斯瓶为余过手最精雅炉瓶之一，
宫廷气息十足，小器亦堪为至宝。

大明宣德年製

宣德四字款直筒炉瓶

口径：二・三 厘米
高度：八・九 厘米
重量：一二〇 克
款识：『宣德年制』四字楷书款
年份：明末清初

斯瓶亦为直筒型，原嵌底，蟹壳青原皮；口部和下部各环刻一圈回纹，口部回纹下，竖向阴刻『宣德年制』四字楷书款，与明末清初四字炉款类同。

斯瓶极为小巧，指尖一托而已。

嘉靖六字款炉瓶

口径：四·七厘米

高度：十·三厘米

重量：四七五克

款识：『大明嘉靖年造』六字楷书款

年份：明嘉靖

斯瓶为净水瓶型，阔口、束颈、鼓腹、原嵌底，圈足外撇；瓶身两侧起简化蚰龙耳，各衔一活环，可当作响；口部下一体铸造横向单行阳款『大明嘉靖年造』，典型嘉靖书法风格。

斯瓶与西藏布达拉宫藏『大明宣德年施』大铜瓶在造型上类似，有异曲同工传承痕迹，为嘉靖官造炉瓶标准器，亦可为宣炉年代研究之侧面范例。

椭圆形兽耳衔环炉瓶

口径：六・五厘米
高度：十・八厘米
重量：五三一克
款识：无款
年份：明晚期

斯瓶为罕见的椭圆形炉瓶，红斑绿锈、古朴拙美；椭圆口、束颈、鼓腹，圈足外撇，胎体厚重；瓶身颈部环刻回纹，两侧铸兽耳铺首衔环，固定一体，雕工精细；底部亦一体铸造，并做明显弧面处理，高高鼓起，颇见高超工艺。

斯瓶型制与前述嘉靖炉瓶一脉相承，工艺和铜质则更为精细，显示出制铜水平飞速提升、渐达高潮。

花插为古人书房插放一两束梅枝、干枝的器皿，各类材质皆有，一般铜质花插以一两斤重的『梅桩』造型居多。

岁寒三友大花插

高度：二十八厘米
长度：十九·五厘米
宽度：十二·五厘米
重量：四〇一〇克
款识：无款
年份：明晚期

斯器体形较同类巨大许多，水红铜一体精铸，黑漆古皮壳，露铜处赤红；造型为经典的『松竹梅』岁寒三友，雕琢成一处野外风景：松风阵阵、竹海荡漾、梅花傲骨，端是一番清爽景象。

葵口象足花插

口径：十二·六 厘米
高度：十五·五 厘米
重量：五〇五 克
款识：无款
年份：清早期

斯器形精黄铜打造，鳝鱼黄皮色，器型上半部分拟盛开之葵花，厚实葵口大张，叶片立体感颇强；下半部分以三头天象，象鼻下垂触地为足，稳重巍峨；象为佛教圣灵，造型颇有禅意。斯器比前器小巧许多，造型亦甚具特色，非寻常花插可比。

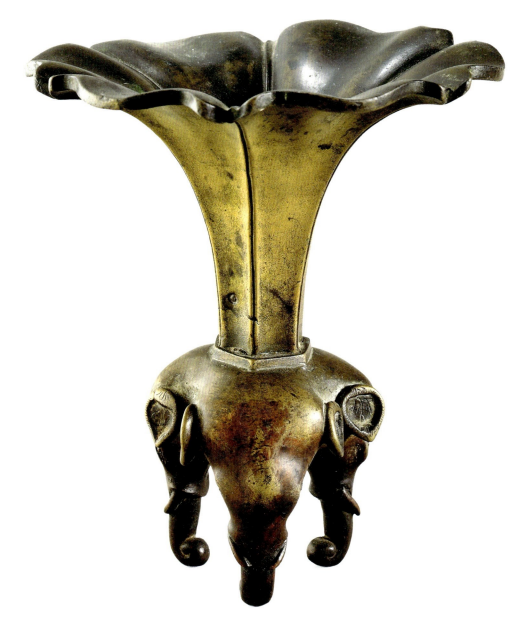

佛龛是供奉佛像、神位的龛阁，多由木制，亦有瓷石牙角之品，铜制佛龛并不多见，却与金铜佛像最为契合。

洞石佛龛

高度：三十三 厘米
长度：十九·五 厘米
宽度：十一 厘米
重量：四五〇五 克
款识：无款
年份：宋元

斯器青铜铸造，青黑色原皮，
高大巍峨，山石嶙峋，自带一股肃穆之气；
上升为盖，下潜为座，其间灵石洞穿；
一侧一石作卧鹿状，
正对佛像位置——鹿为佛教中善良吉祥之化身，
鹿苑正是修行道场；
中间打坐处，留有一固定小洞，
昔年供奉何类佛像已不可考，盖菩萨远游矣。
昔年拍场曾高价释出一定为元代的汉地观音，
正居于类似洞石佛龛之上，精美度不及斯器多矣。

赏瓶，顾名思义，摆放一处以观赏的瓶，与书案、挂画一并，自成一处小景。瓷玉材质最多，铜质相对少见。

宣德六字款洪福齐天大赏瓶

高度：四十二厘米

长度：十・五厘米

宽度：九・一厘米

重量：四三六五克

款识：大明宣德年制

年份：清早期

斯瓶体形硕大，一体铸造，满绿色皮壳，苍翠浓郁，醉人心魄；

瓶为樽式，方口、长颈、耸肩、缩底、方底座；

口部、底座部各环刻一圈回纹，瓶身肩部、

瓶身下部及底座上部则各环刻一圈莲瓣纹，合共五道纹路装饰；

瓶颈两侧各铸夔龙耳，

瓶身高浮雕铸祥云及蝙蝠，寓意『洪福齐天』；

底铸『大明宣德年制』六字楷书款，清早期书风，壮大舒朗。

此赏瓶应为康雍年间宫廷或王公大宅陈设器物。

童子牧牛香熏

高度：二十 厘米
长度：十九·五 厘米
宽度：六·三 厘米
重量：八二〇 克
款识：无款
年份：明晚期

黑漆古皮壳，童子双腿同向，踞坐牛背之上；扎单髻，背草帽，双手牵绳任牛随意而行，神态颇为清闲；牛头偏向一侧，亦是半行半食，悠然自得。神态刻画精准细腻，一幅诗歌田园画卷，正是古代文人追求的一曲牧歌。

斯器既为香熏，童子可向一侧掀开，牛腹中空可纳香，燃烟袅袅，助眠助读皆可。此类题材日本器物极多，然东洋器物精细或有过之，神态却拘谨木讷或乖张狭促，难及斯器形神兼备之百一。我中华文化浩浩荡荡，彼可临其形而难摹其神也。

炉座为陈放宣炉所用，木质、铜质皆有；然并非炉出坊时皆有座，明炉不尚有座，清早期及之后炉原有座者相对较多；年月久远，原炉原座愈渐稀少，常有寻座配炉之举。

宣德内府款炉座

口径：十二·四厘米

高度：二·四厘米

重量：三五六克

款识：『宣德内府』四字篆书款

年份：清早期

斯器有以其为香盘者，余个人倾向仍为炉座。昔年得自香港苏富比，以其工艺精细而念念不忘；三足托盘，足上勾云纹精美，盘面起台，背面打洼；底面中央开框，『宣德内府』四字篆书纤细秀丽、规整对仗，款识文字仅见。

斯器清早期官风明显，或为康雍宫廷慕古仿宣之作，原为水松石山房旧藏。水松石山房主人莫士辉（Hugh Moss），英籍犹太人，世界著名古董商，尤以收藏中国文物闻名。

莲瓣纹大炉座

直径：二十五 厘米
高度：六·五 厘米
重量：二七五二 克
年份：清早期

斯座硕大无朋，满红皮，原包浆，遍刻高浮雕莲瓣纹，立体精细；遥想当年其与巨型圈足簋式宣炉配成一套，足谓陈设用国之重器。

螭龙纹香盘

口径：十三·八厘米
高度：一·二厘米
重量：一三二克
款识：无款
年份：明晚期

香盘用以放置香品，较其他香道用具罕见。斯器浅扁似碟，一体锤揲而成，口壁外撇，底部四平，内膛精细阴刻螭龙祥云，龙穿云过，首尾难辨，遥相呼应；风格与明代画作接近，晚明文人雅致小品也。

倭角四方香盘

长度：十四·六厘米
宽度：十一·八厘米
高度：三·四厘米
重量：七二九克
款识：无款
年份：清早期

斯器精黄铜一体铸造，
鳝鱼黄皮色，四方造型，
四边曲线略收，
接合处倭角处理，颇具匠心；
厚壁、深腹、撇口、沉底，
下承四小方足，
内外壁打磨光亮，
稳重大方、端庄文气；
清早期康雍制品，已露盛世气息。

胡人抱瓶烛台

高度：二十五 厘米
长度：六・六 厘米
宽度：六・六 厘米
重量：八五〇 克
款识：无款
年份：元明

斯器青色皮壳精光四溢，造型尤为独特：一体精铸一胡人半跪于底座之上，高举宝瓶为台。胡人半裸，手足皆露，挺丰肚，跪单足，对开襟衫、塔形发髻，张口瞠目，神态威猛；底座为壸门造型，优雅文气；宝瓶瓶身则向上延展成柱，遍铸宝相花花纹，交缠托起烛台。

烛台在古代的作用极为重要，既是家用必备，亦是陈设佳品。元明之际，帝国幅员辽阔，中外往来频繁，西风东渐、文化交融，此为明证矣。

如意，
是中国传统的一种艺术品，
长柄形，最初外形类似灵芝，
据传最早在战国时已有雏形。

明清时，达官贵人，
特别是清代宫廷广泛制作和赠送、
敬献如意，
作为礼尚往来的贵重礼品，
和文人雅士的把玩雅品。

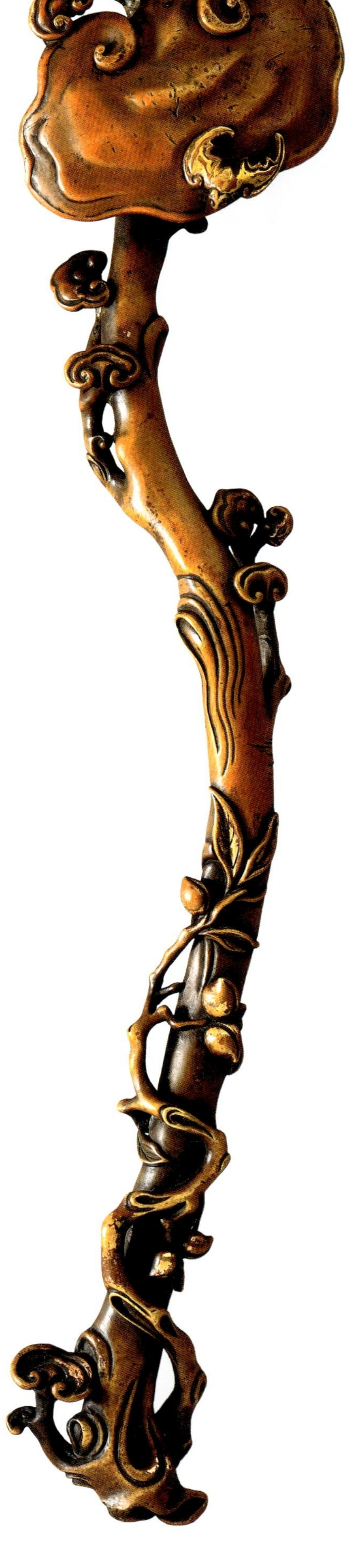

道光款铜鎏金如意

长度：三十五·八 厘米

宽度：七 厘米

重量：六五二 克

款识：道光纪年二十八字铭文

年份：清道光二十五年（一八四五年）

斯器亦旧藏于水松石山房，香港苏富比释出。

整器为经典灵芝造型，实心一体铸造，
其上再精铸后修手法雕刻桃枝、蝙蝠、寿桃等传统题材，
枝繁叶茂，惟妙惟肖，寓意洪福齐天和寿比南山；
重点突出部位再施以厚重鎏金，更显富贵堂皇、贵而不俗；
器柄后镌刻铭文：『金轮旺化天尊
道光二十五年三月十五日圣诞杨元诰敬供 张辛敬刻。』

铭文文字翔实，透露出系统性的重要信息：
此柄如意乃张辛所制，张辛（一八一一年至一八四八年），
浙江嘉兴人，金石篆刻名家，为清代著名雕刻家张廷济之侄，
书载其青出于蓝而胜于蓝，惜英年早逝，
制斯器时三十五岁，年富力强、正直巅峰；
『金轮旺化天尊』指的应是道教神仙赵公明元帅，
农历三月十五正是他的诞辰；
一品大臣杨元诰在此时向张辛定制此柄如意，
敬供给信奉道教的道光皇帝，表达臣子一片忠心。

镇纸为书房压纸之物，铜因其厚重压手，为镇纸材料较为普遍。《文具雅编》称，『铜者，有青绿虾蟆、偏身青绿，有蹲虎、蹲螭、眠龙，有坐卧娃娃、有鎏金辟邪、卧马，皆上古物也。』

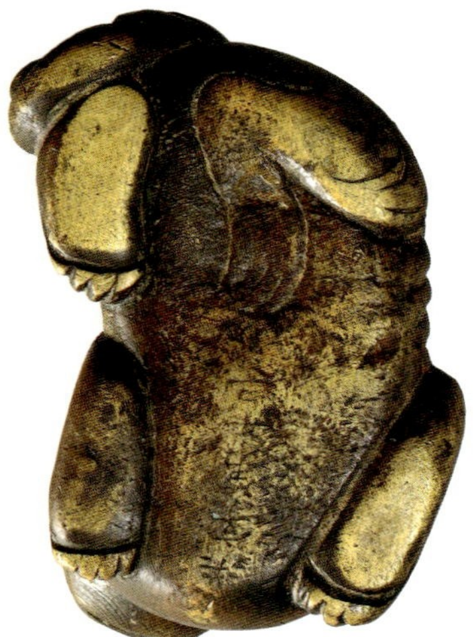

洪字第十二款瑞兽镇

长度：六·八厘米
宽度：四·二厘米
高度：三·二厘米
重量：三六九克
款识：『洪字第十二』五字楷书款
年份：明早期

斯镇硕大，达旧时十二两，为同类之冠，再大者实为摆件而非镇纸也。小器大样，有虎踞龙盘、渊渟岳峙之势。雕工精湛，纤毫毕现，豹头虎目，威风凛凛，火焰纹几成高浮雕而非简单勾勒；底部平面，阴刻款识『洪字第十二』楷书，飘洒随性，为纯正明代书风。

这种文字组合表达是明清两代宫廷器物陈设摆放的编号，由千字文与数位相结合：『洪』字即为千字文中『天地玄黄、宇宙洪荒』之『洪』；亦有人言或为洪武朝官器，然并无其他佐证。从造型、工艺、用料、纹饰、字体来看，确具明早期宫廷气息。

獬豸镇

长度：五厘米
宽度：三厘米
高度：三·五厘米
重量：一九八克
款识：无款
年份：元末明初

獬豸为传说中的上古神兽，类麒麟，额上通常长一角，俗称独角兽。獬豸智慧高、懂人言、知人性，能辨是非曲直，能识善恶忠奸，是司法公正之象征。

斯镇不类其他獬豸题材作品，工艺奇特、身形肥大而肋骨毕现，飘带纹灵动飘逸，尤以虾眼、勾云眉、发饰极具特色，颇类元上都遗址石兽造型。

嵌银丝瑞兽镇

长度：五·四厘米
宽度：五·一厘米
高度：二·一厘米
重量：一二五克
款识：无款
年份：明晚期

斯镇原生态，古拙肥扁，憨态可掬，动静皆宜。瑞兽回首凝望，四肢放松卧趴，头部螺髻卷卷，正是放松状态，予人心情愉悦；斯镇通体嵌满银丝，为晚明制铜镇之工艺特色，因年月久远，部分银丝氧化成黑漆古色。

精、小、憨、萌，正是晚明瑞兽镇独有的艺术特色。

卧马镇

长度：六·四厘米
宽度：四·四厘米
高度：三·四厘米
重量：三六三克
款识：无款
年份：明晚期

斯镇以精黄铜实心一体铸造，上为卧马，下为方形镇基。卧马四蹄蜷卧、马尾轻拍，扭首凝视、神情轻松；马身鞍套俱全，如战场厮杀后的马放南山，亦有李世民『昭陵六骏』遗风；方形镇基厚实如金砖，四面铸刻莲瓣纹，工精意诚；镇基上、马身旁还铸有一香插小孔，既可为镇亦可为香插。

瑞兽镇

长度：六厘米
宽度：四·四厘米
高度：二·三厘米
重量：二四七克
款识：无款
年份：明晚期

斯镇通体满绿绣，古意盎然，器型硕大，构造精巧。兽首短吻长发，睡眼惺忪，双耳顺搭，懒懒倦意，极具憨萌舒展之态；兽身遍饰火焰纹，四肢雄健，虽为卧趴之势，内蕴洪荒之力。

母子螭虎镇

长度：五·五厘米
宽度：三·七厘米
高度：二·四厘米
重量：二一六克
款识：无款
年份：明晚期

斯器铜质细糯润滑，略带绿锈，久经盘玩已成翡翠状结晶包裹；整器造型为两只螭虎，状如母子；大虎盘伏于地，回首看顾，小虎匍匐母身，作势攀爬；大虎护犊情深，小虎顽皮可爱，于精雕细琢中一一显露。

在古代艺术作品中经常出现两条螭龙的造型，一大一小、首尾相应，是为『望子成龙』的题材，两只螭虎的造型颇为稀见，或别有寓意。

瑞牛镇

长度：六·三厘米
宽度：二·七厘米
高度：三·五厘米
重量：一七一克
款识：无款
年份：明晚期

斯镇为熟栗色皮壳，水红铜，精铸伏牛一尊，四肢盘曲卧地，牛尾轻轻甩动，牛嘴似乎正在咀嚼，颇为轻松惬意。

以牛为题材的镇纸数量颇多，尤以『童子牧牛』最多，稍显民俗；此瑞牛镇独角立于牛头，如犀角冲天、高傲不俗，仅见。

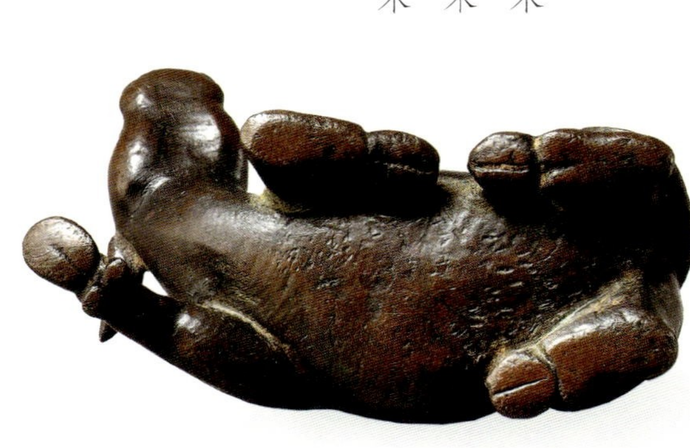

宣德四字款葫芦镇

长度：五·八厘米
宽度：四厘米
高度：一·七厘米
重量：一二〇克
款识：『宣德年制』四字楷书款
年份：明末清初

斯镇以精黄铜铸葫芦造型，铸后精琢，藤叶曼曼、枝繁叶茂。葫芦谐音『福禄』，其枝茎称为『蔓』，『蔓』与『万』谐音，『蔓带』与『万代』谐音，因此葫芦题材有『福禄万代』之意，素为古人所喜。镇底部为平面，阴刻『宣德年制』四字楷书，明末清初典型书风。带原刻款识的镇纸并不多见，足以珍之。

瑞兽镇

长度：五·八 厘米
宽度：三·四 厘米
高度：一·八 厘米
重量：一六六 克
款识：无款
年份：明晚期

斯镇原生态，黑漆古原皮带斑斑点点薄绿锈，别有趣味。
小兽虎头虎脑，阔面大嘴，毛发卷曲，
脊椎一纵鼓钉由头至尾；
兽身高浮雕火焰纹，两侧肋骨历历在目；
底面别有巧思，经典阴平面外，
四肢及腹部处略有打洼，
显示小兽暗中用力后蹬，前驱欲抬，
有随时跃起，狮子搏兔之势。
斯镇静中带动，活灵活现，
是一件充满了力量、韵律和动感的艺术精品。

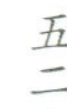

瑞兽镇

长度：四·九厘米
宽度：三·三厘米
高度：三·九厘米
重量：一一八克
款识：无款
年份：明晚期

斯镇为精黄铜一体铸造，
黑漆古皮壳，上为瑞兽，下为方形镇基。
瑞兽身形瘦削，毛发卷曲，
一腿按球，瞪目远眺，颇具魏晋神韵。
有以造型类似明代闲章以之为印坯者，
观其大小、厚薄、比例，应为镇纸。

嵌银丝瑞兽镇

长度：五·七厘米
宽度：三·三厘米
高度：三·五厘米
重量：一五九克
款识：无款
年份：明晚期

瑞兽赭褐色原皮，半卧而坐，身形较高，抬首眺望远方；兽首短吻虾眼，兽身健壮，披挂火焰纹，兽尾巨大，横扫盘旋；整器遍嵌银丝，为晚明此类兽镇经典装饰；此类造型铜镇晚明偶见，然如斯镇这般大、这般精、这般肥硕者罕见；另有原配底座，亦罕见。

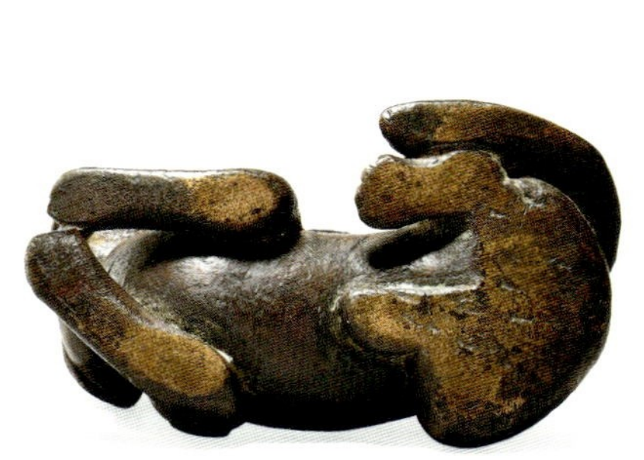

瑞羊镇

长度：五·四厘米

宽度：二·六厘米

高度：三·五厘米

重量：一三六克

款识：无款

年份：明晚期

斯镇小巧，精铸一瑞羊卧跪，低眉、顺目、温和，口衔灵芝仙草，予人以祥和安静之感。羊衔灵芝，羊谐音『祥』，吉祥，灵芝代表如意，寓意吉祥如意，是古代艺术品常见题材。

瑞兽权形镇

底径：三·七厘米
高度：三厘米
重量：一六二克
款识：无款
年份：明末清初

童子抱瓶香插

高度：五·四厘米
长度：四·一厘米
宽度：二·七厘米
重量：九十六克
款识：无款
年份：明晚期

斯镇为精黄铜一体铸造，造型颇为独特。
底部为一鼓式权形镇基，权即砝码，
秦代统一度量衡，秦权类此型制；
权上趴伏一狮状瑞兽，
怒发瞠目，仰首咆哮，有盛世风貌。

香插专为点一炷线香而置，
多为镇纸或笔架造型，
突出部位设一小孔以插线香。
斯器小巧玲珑，铸一童子席地而坐，
宽袍大袖，头顶螺髻，憨态可掬，
怀抱一净水瓶，
瓶口小孔正做香插，饶有趣味。

明代文人喜用铜印，无论是诗文闲章、藏书印、书斋名号印，都惯以瑞兽做纽、篆书为文、随身系挂，兴之所至即可印盖。

瑞兽铜印

高度：三·二厘米
长度：二·七厘米
宽度：二·四厘米
重量：五十克、四十八克
印文：殿中司马、椿氏私记
年份：明晚期

斯对小印，尺寸重量接近，兽纽造型相同，均为独角瑞兽或曰獬豸，盘踞而坐，悠然自得，相映成趣；一印为黑漆古皮壳，印文『殿中司马』，文人以古代官职自励用印；一印为原生态生坑皮壳，印文『椿氏私记』，或为椿姓大族用印，或以『椿』指代长寿，吉语用印。

砚滴亦称水滴、书滴、水注，于文房中贮存砚水供磨墨之用。
砚滴的出现与笔墨的使用及书画的兴起有关，
最迟在东晋时期，人们发现用水盂往砚台上倒水时常常水流过量，
于是出现了腹部中空，
分开两口一取水、一注水以掌控砚里水量的器物，即砚滴。
《饮流斋说瓷》中记载：『水滴，像形者，其制甚古，
蟾滴、龟滴由来已久，古者以铜、后世以瓷；
明时有蹲龙、宝象诸状，凡作物形而贮水不多则名曰滴，不名曰盂。』
《长物志·器具·水注》：『水注之古铜玉者，
具有辟邪、蟾蜍、天鸡、天鹿、半身鸬鹚杓、金雁壶诸式滴子……
宣窑有五彩桃注、石榴、双瓜、鸳鸯诸式，具不如铜者为雅。』
可知明人文震亨推崇铜制砚滴。

瑞虎砚滴

长度：五·五厘米
宽度：二·八厘米
高度：二·七厘米
重量：六十六克
款识：无款
年份：宋元

斯器较常规砚滴体形娇小，青铜铸造，造型饱满，古朴浑厚；
浑身黑漆古包浆，晶莹润泽；
整体造型为瑞虎伏于荒丘，伏身昂首，降眉凸目，肌肉雄健；
身形自然起伏中虎纹扭动，虎尾轻摆，虎口微张；
虽是静态造型，然有随时跃起之动感，
匠人将猛虎凝神谛视、将行未行之状，刻画得几近传神。
即若不涉砚滴之功用，亦不失为案头清供、手头把玩美品。
砚滴造型多样，瑞虎造型则为多年仅见，年份如此好更为罕见；
砚滴存世量不多，现今十之八九为日本老制品，亦不可不察。

笔架亦称笔搁，放在案头架笔的工具，
中国传统文房用具，已有一千五百余年历史。
南北朝时已有笔架的记载，
但唐代以前的实物罕见；
自宋代开始，笔架传世品和出土物增多；
至明代，笔架成为文房中不可或缺之物，材质多样，
金铜、瓷玉、珊瑚、玛瑙、水晶、硬木等等；
式样亦繁多，有山形者、枝蟠者、卧仙者、螭龙者等等。

双龙笔架

长度：十六・九厘米
高度：三・五厘米
宽度：二・二厘米
重量：二三〇克
款识：无款
年份：宋元

斯器青铜材质，黑漆古皮壳；
实心精铸两条飞龙，
张牙舞爪、翘首摆尾、怒目以对；
古拙中带威猛霸气，
沉静中隐隐欲腾云驾雾而去，
实为难得之中古精造铜文房。

乾隆款双鱼佩

长度：五·三厘米
宽度：三·二厘米
厚度：〇·八厘米
重量：五十一克
款识：『乾隆年制』四字楷书款
年份：清乾隆

斯佩整体为块状，实心，微弧面拱起，通体鎏金，璀璨华丽，因岁月久远，突出部位鎏金有所脱落；正反双工，细雕相同的双鱼图案，鱼首、鱼尾两两相对，刻画极为精细，栩栩如生，每枚鳞片历历在目，细至毫末，不惜工本；双鱼尾末端分别阴刻『乾隆』『年制』四字楷书，结构严谨，笔力劲透，与故宫博物院藏乾隆宫廷器物的款识结体别无二样，或为皇帝本人佩戴把玩之品。

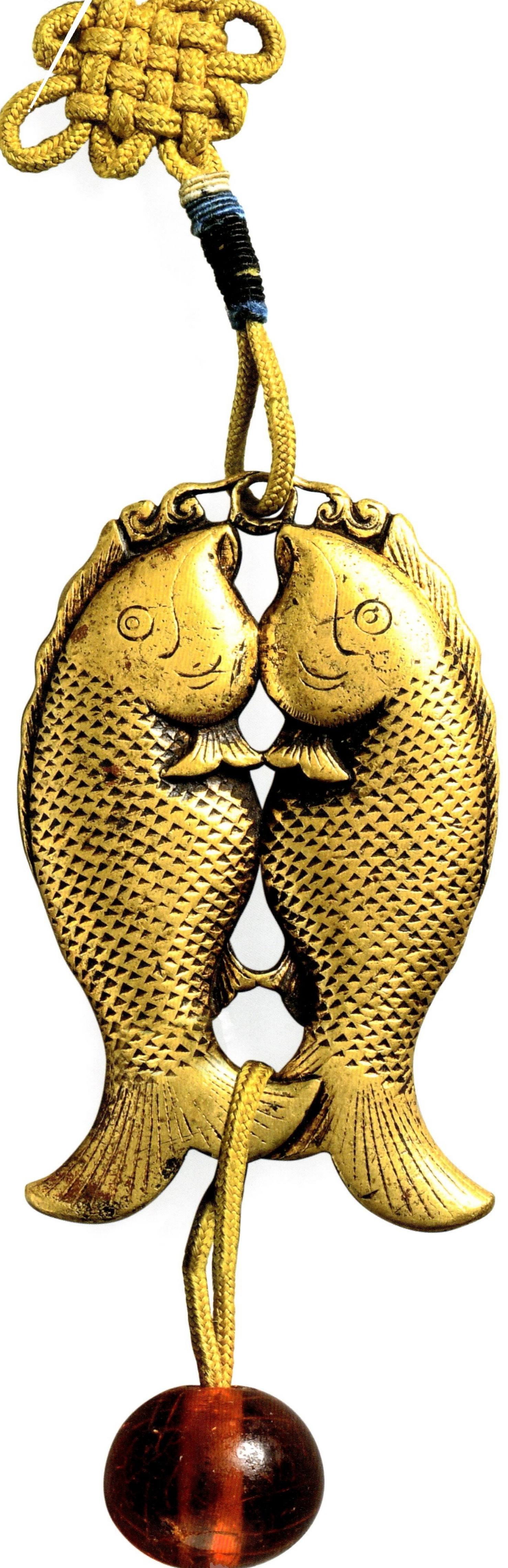

后记

编写一本自我收藏类书籍的过程是一段漫长、艰辛，同时充满收获与成就感的旅程。自二〇〇五年第一件正式藏品始，这一路走来已有十七年了。

是年秋天，工作数年的我有了一些空暇与积蓄，开始重拾儿时的收藏爱好，业余时间基本尽在各大网站搜索文玩古董、阅读各类文物专著。彼时，来自台湾省的古董商《哑舍》在淘宝开设网店，每周拍卖各类瓷杂玩件。某次网拍，有件拍品是一枚兽耳衔环钵炉，青黑皮色，宣德六字楷书款，早已跃跃欲试的我看到起拍价一千元并不昂贵，虽不甚懂却也觉老气开门，相信大店不至于欺客，加之彼时常做夜班，一直有买个老铜炉点香提神的想法，于是鼓起勇气第一次出价，最终以一千七百元竞得那枚清中期薄皮宣炉，即为开启炉缘的云多山房首炉。

当年正是收藏类网站盛行之时，其中最火的宣炉收藏板块是盛世收藏论坛的明清铜炉版，几乎日日均有数百人在线，日日均有十几、数十个生面孔的老炉发帖而出。我误打误撞在这里找到了组织，一时间犹如阿里巴巴打开宝藏，刘姥姥进了大观园，就此迷恋上这种简约、素雅的文玩，并在盛世炉版以『五木』网名扎根，学习、发帖、购炉，直至成为炉版版主。越买越多、越玩越爱、越研越精，亦结识了很多志同道合、交往颇多然素未谋面的论坛同道。

宣炉于我，可谓一生挚爱与至交。初次相识自然是机缘巧合，一旦情定，却即为终生。宣炉既是我近二十年来最主要的收藏，亦是我研究最透的文玩古董；在这一特定的收藏品类里，我做到了鉴藏水平与藏品等级都是国内数一数二，这是客观的自我鉴定。每当遇到事业压力或生活烦躁时，宣炉总是可以带给我极大的快乐与抚慰。在那些意志坚定但身心疲惫的艰辛岁月里，正是宣炉触及心灵的工匠精神与高雅审美，正是超出同侪的藏品与『敝帚自珍』的隐秘快感，带给我极大的满足感与自我认同，化解我所有的不良情绪，令一切不再难以忍受。转移、开导、启发、舒缓、提升、帮助、认同……可以说，宣炉做到了一位良师益友可以做到的一切。

道行中途，有了一定的宣炉藏品和经验积累，在实物和理论上双双构建了自身的收藏体系，大约十年前我始有写书的计划。我非常清晰地明白，收藏类书籍的前提和根本是藏品，为了避免陷入纸上谈兵、言而无物的境地，写书首先要有大量藏品在手，且这些藏品必须是真品、珍品，够档次、够全面，足以形成代表性及充分阐述各类观点，亦即书中文字最大最佳的载体。这是一个厚积薄发、系统性打造自身收藏体系的过程，是一切相关后续工作的本源，需要大量时间、精力、钻研以及财力的投入。此后十年，我一直在完善这个体系，打造这个本源，最终在两三年前逐步完成这项长效工作；随后一两年是破土而出的酝酿和提炼观点，查阅资料、撰写内容；至于拍摄、设计、印刷与出版，则是这半年来的流程。凡是此类，均以最高标准打造，水到渠成是可以期待的了。

一本好书的完成不只是作者一个人的事情，是一支团队以及相关各方共襄盛举的成果。不免俗套但真挚的：

感谢为本书把关、推荐和作序的故宫博物院研究馆员丁孟老师；

感谢文物出版社编审张小舟老师、雅昌文化（集团）有限公司；

感谢国内顶级的一朋设计工作室、山古摄影团队；

感谢中贸圣佳拍卖公司薛世清先生牵线搭桥；

感谢老友牧心斋张明先生推荐指导；

感谢老友曙光韦强先生、小石洞山房张珂先生、天佑刘诚先生、一炉书屋何方先生及『宣炉雅集』各位同好多年来的帮助与对本书的赐教；

感谢身边多年来不计成本、毫无怨言支持我收藏的各位亲友。

青山不老，我们江湖再见。

浣竹主人

附录

漫话铜炉

王世襄

这里讲的铜炉，常被人称『宣德炉』或『宣炉』，是流行于明清的文玩，在文物中自成不大不小的一类。现用铜炉一称，是因为明清不少朝代 均有制造，不只是宣德。还有尽管传世文献记载宣德朝不惜工料，大量造炉，如《宣德鼎彝图谱》，但现在竟难举出一件制作精美，和记载完全符合的标准器。据我所知，不仅北京、台北两地博物院尚未发现，著名藏炉家也没有。相反的倒是刻或铸有明清其他朝代年款的私家炉却有炉形铜质并臻佳妙的。这不能不使我们对传世文献产生疑问，认识到宣德炉研究还有许多待解决的问题。

研究、欣赏铜炉和青铜器不同，它的型制花纹比较简单，只有款识，没有铭文，与古代史、文字学关系不大，更没有悦目的翠绿锈斑。历来藏炉家欣赏的就是其简练造型和幽雅铜色，尤以不着纤尘，润泽如处女肌肤，精光内含，静而不嚣为贵。这是经过长年炭墼烧爇，徐徐火养而成的。铜色也会在火养的过程中出现变化，越变越耐看，直到完美的程度。烧炉者正是在长期的添炭培灰，巾围帕裹，把玩摩挲中得到享受和满足。

这是明清文人生活的一部分，其情趣和欣赏黄花梨家具并无二致。这种生活情趣已离我们很远，以致有人难以想象，但历史上确实有过。我曾在古玩店乃至博物馆，见到色泽包浆还不错 的铜炉，被用化学糨糊把号签贴在表面上。这号签不论揭不揭，肌肤上已落下一个大疤瘌。如徐徐火养，一二十年也难复旧观。这也可算是煮鹤焚琴的一例吧。

烧炉者有一个共同心愿，亟望能快速烧成，十年八载实在太慢了。不过藏家谁也不敢轻举妄动，怕把炉烧坏。敢用烈火猛攻的只有一位，我父亲的老友赵李卿先生。赵老住家去我处不远，上学时我就经常去看望他。收藏小古董是赵老的平生爱好，专买一些人舍我取，别饶趣味的小玩意儿，对铜炉更是情有独钟。炉一到手，便被浸入杏干水煮一昼夜，取出时污垢尽去，锃光瓦亮。随后硬是把烧红的炭或煤块夹入炉中，或把炉放在炉子顶面上烤。

他指给我看：哪一件一夜便大功告成；哪一件烧了几天才见成效；哪一件烧后失败，放入杏干水中几次再煮再烧，始渐入佳境。也有怎样烧也烧不出来，每况愈下，终归淘汰。不过鉴别力正在逐年提高，得而又弃的已越来越少了。我受前辈的感染熏陶，也开始仿效。最成功的是五十年代在海王村买到的一具蚰耳炉，款识『琴友』两字，一夜烧成棠梨色，润泽无瑕，不禁为之狂喜。

直到六十年代初，我从北京图书馆的简编图籍中发现一本奇书《烧炉新语》，才知道古人早已发明快速烧炉法，并写成专著，刊刻行世。我录副后恨不得立刻送给赵老看，可惜他已归道山了。

《烧炉新语》作者吴融，别号峰子，又号雪峰，黄山人，侨居海陵（江苏泰州）。卷首有陈德荣、王廷诤、袁枚、许惟枚、张辅、郑世兴、方鲁、刘瓒、凌洪仁、罗世斌、魏允迪、国秋亭十二家序，多作于乾隆十二年，成书当前此不久。此书罕见，邵茗生先生下了多年工夫写成《宣炉汇释》两册，似未见此书。我曾查《中国古籍善本书目》，记得仅一馆有之，为传抄本。

吴融博学多能，凌洪仁称其『于古文词无不能』。方鲁称其『雅善鼓琴……继擅指画，人物鸟兽，花卉草木，天然生动，机趣飞舞』。

对吴融烧炉，各家推崇备至：『人有毕生烧一炉而不成者，先生则不论炉之大小，一月之内即变态万状，灿烂陆离。』（方鲁序）『每见人穷年蔽日，迄无一成。即善做假色，适足为识者所嗤。吴子……不假造作，只就本来面目，不匝旬而火候已足，约得色之异者，十有其二。』（刘瓒序）『屏去古今成法，炉无新旧，一经先生手，不日可成。成则自现各种天然异色，有若神助。』（凌洪仁序）为人作序，一般都言过其实。烧炉因目见，且曾手自为之，故不认为上引诸说过分夸张。

《烧炉新语》共三十二篇，长者数百言，短者不足百字，篇名如下：炉说，论铜色不可制，急火烧炉法，制造烧炉具法，打磨香炉法，烧炼方砖法，制造宝砂法，洗油头发法，急火烧炉分上中下三法，论红藏金结雾法，论水午白结雾法，论黑漆古结雾法，论水查白结雾法，论秋葵结雾法，论黄藏金结雾法，论落霞红结雾法，论蟹壳青结雾法，论苹果绿结雾法，论藏锦色结雾法，论铜质老嫩难结法，做橘皮炉法，打磨橘皮糙熟法，退炉法，煮花纹炉法，论各炉款式结法，揩抹香炉法，论炉清水做色之辨，论北铸假色难成，下炉色免磨法，制造养火罩式法，打炭墼法，洗除斑点法。

《新语》录副不久，『四清』『文革』接踵而至，随藏书捆扎而去。拨乱反正后发还，为补偿蹉跎所失而日夜工作，《新语》早已忘怀。直到草此文，始拣出匆匆过目，似以居首数篇较为重要。《炉说》强调炉色必须出自本质，切忌人为敷染。《铜色不可制》列举不中用即烧亦无功之铜八种，实为辨别铜质，指导收炉取舍之要诀。《急火烧炉法》与赵老所用基本相同，唯烧时须扣纸罩，罩用纸数十层裱成，外用棉花棉布包裹，所用火力稍缓，需时或较长。限于篇幅，诸法不克详述。今后倘有适合书刊，拟送请全文发表，供读者研究参考。

烧炉不仅好古者或愿一试，可能还会引起金相学科学家的兴趣，通过实验来解释不同合金在受热后出现色泽上的变化，说不定会成为一个科研课题呢。

《人民日报 海外版》二〇〇〇年三月六日 第七版

赏玩

浣竹主人藏明清铜炉铜文房 上册

浣竹主人 著

文物出版社

常珍

浣竹主人藏明清铜炉铜文房

浣竹主人 著

鉴　定　丁孟　张明
书籍设计　一朋设计工作室　冯文鹏
摄　影　山古摄影

责任编辑　张小舟
责任印制　苏林
出版发行　文物出版社
社　址　北京市东城区东直门内北小街二号楼
网　址　Http://www.wenwu.com
经　销　新华书店
印　制　雅昌文化（集团）有限公司
开　本　纵七八七毫米　横一〇九二毫米　八开
印　张　六十八
版　次　二〇二二年八月第一版
印　次　二〇二二年八月第一次
书　号　ISBN 978-7-5010-7728-1
定　价　二八〇〇元

图书在版编目（CIP）数据

常珍：浣竹主人藏明清铜炉铜文房 / 浣竹主人著 . — 北京：文物出版社，2022.8
ISBN 978-7-5010-7728-1

I. ①常 ... II. ①浣 ... III. ①炉 – 铜器（考古）– 中国 – 明清时代 – 图集 ②墨盒 – 铜器（考古）– 中国 – 明清时代 – 图集 IV. ① K876.412 ② K875.42

中国版本图书馆 CIP 数据核字 (2022) 第 096488 号

序一

浣竹主人收藏的明清铜炉铜文房著作即将出版，请我为此书写序。当我看到上、下两册《常珍：浣竹主人藏明清铜炉铜文房》时，感受到的是本书作者倾其多年心血，揽其英华，缀裁字句，求取情状，奋力把议论珍藏的文字奇彩尽泄笔底。所以欣赏明清铜炉铜文房的艺术，对读者来说，还是欣赏作者的智慧和才华。

此书收录的是收藏家个人的藏品，特色最能映照出收藏品的水平和收藏家的水平。鉴赏作者收藏的明清铜炉铜文房，深感其收藏有两点特别突出，一是精品意识，二是取向明确，专中取精，精中取要。浣竹主人收藏的明清铜炉铜文房无论品种、数量，还是精美度，在收藏界是很突出的，其中明清铜炉有一百〇四件，类型丰富，装饰精美，时代风格突出。可以说，这是一部典型的明清铜炉专辑。

如何评价收藏家藏品的价值？我认为铜炉的价值只能在学术研究中被发现、被揭示出来，此书写作的整个过程即同时具有启迪性。

《常珍》集中了作者的智慧，挖掘出明清铜炉的历史价值、科学价值和艺术价值，更把研究铜炉的著作推向一个新的视野境阈。

此书在图像和版面设计上以曲线、光影展现出明清铜炉的神采、风韵和节奏，其视觉画境，给我们留下了强烈的带入效应。

作者以细腻、敏锐的感知力，把握明清铜炉的特点，提出了许多问题以供讨论，这种认真的问题意识，超出过去的一些认知，书中提到的铜炉分类观点，就涉及了明清铜炉的造型艺术、铸造工艺以及需要我们进一步思考的历史文化背景。

本书显示了作者研究写作的个人风格，揭示了明清铜炉的某些现象和发展规律，这需要定力和学力。其提炼实例、表述方法、逻辑论证的方式，在古代工艺品研究领域中是难得一见的。

在此，恭祝作者取得的成果。

丁孟　二〇二二年四月八日于故宫南三所

序二

浣竹主人嘱吾作序，诚惶诚恐。自觉才疏学浅，实非佳选，然与浣竹主人相识相交十余年，宣炉为介，亦师亦友，同鉴赏，共进步。兄之收藏水准及理念，他人不及吾深知，此亦有可写之道矣。

明清铜炉即宣炉已属一种专门之学，其为中国古代晚期铜器的标志，亦将中国铜器带入手工艺时代之巅峰。与书画、瓷器等大项古玩门类不同，宣炉的收藏和研究，至今限于较为小众和民间的领域。除王世襄王老的一批藏品和些许研究之外，数十年间台湾省和大陆的藏家陆续有一些收藏和专著，做了有益的探索，但整体上这个收藏领域尚处方兴未艾，还需要再做深入提升的工作。浣竹主人著此书，旨在于此。

细读本书，以明清铜炉铜文房为对象，合计一百四十件藏品，分上下两册，近六百页，为宣炉专著在藏品数量、质量和原创文字内容结合之范例。本书结构上以品类划分，既有明清铜炉即宣炉的冲天耳炉、蚰龙耳炉、鬲炉等经典章节，亦有云多山房独一无二特色收藏的三寸文房炉系列，加之铜手炉、铜瓶、铜文房等。每一品类既非简单的集物之图录，亦非『有文无物』的夸夸其谈，而是以物为例，以文释道，将各品类宣炉等的研究、经验、心得，结合每一藏品自身的特色、感悟与收藏故事，娓娓道来，力求既富可读性，亦具备指导性。

在藏品上，长期持续的大量资金投入以及浣竹主人高超的鉴藏水平，令本书藏品的整体档次与等级非常之高，这是之前所未曾见的。一百四十件藏品，绝大部分未有公开露面，并非前人著录或拍场流转的所谓『老面孔』；藏品品相以全美为追求，年份以清早期为下限，逾八成是明代制品；顶级文人炉、私款炉、年号款炉、纪年款炉、官造炉、宫廷炉，特别是人人皆喜而穷极一生难求其一的『三寸明炉』，在本书做了最集中的一次展现。

在文字上，本书近十万字，皆为原创而非旧说，可谓所有同类专著中全面、清晰及透彻的一本，可为明清铜器特别是宣炉赏析、藏研开山立派的教科书。作为高级文字工作者出身的浣竹主人，篇篇文字力求如同宣炉审美本源——以简约为美，以正确为范，杜绝堆砌文字的废言，亦杜绝囿于旧说的传言与误导；讲究每句话都对宣炉藏研具有指导作用，对宣炉审美具有提高价值，对自身收藏道路具有总结意义。

在设计、摄影与印刷上，本书一改以往收藏类专著喜以场景配套的传统，结合宣炉简约素雅的美学主旨，以几何曲线、光影色彩、铜质书法、皮色造型等特色展现宣炉之美，予人简洁、干净、清澈、优雅的审美体验。

吾阅炉无数，宣炉专著更是本本精读，数读此书有感而发：在宣炉乃至文物收藏界，这样的机缘、投入与水准，带来这样一本高品质、开创性之专著，可谓难能可贵之集大成者，一定能给广大爱好者带来一场宣炉美学与教学的盛宴。

一炉书屋主人　壬寅年仲春

雍正己酉

前言 文房百器 宣炉为首

明 文震亨《长物志》

传说，在明朝宣宗皇帝宣德时期（一四二六年至一四三五年），因暹罗国进贡风磨铜而宫廷开创性设计、精炼与铸造，举国之力创制出了承接宋代瓷器及夏商周三代青铜器特色，以复古为理念并落宣德本朝款识，简练古雅、珠光外现、宝色内敛、曲线素美，犹如百炼黄金般的铜质香炉中的极品——举世闻名流传后世的宣德炉。

宣炉精神

古人生活中，「香」如同米盐茶，条件允许下不可一日以无。早起焚香以清思明神，陆游《晨起》：「蟾滴初添水，螭炉旋炷香。」晚间则一炉香安神助眠，杨冠卿《秋怀》：「焚香快熟睡，梦破尚微曛。」

点香需用香炉，香炉历史悠久、质地多样，至明代，铜质香炉取得了主流地位。尽管在正式和严格意义上讲，明清铜炉是明清两代近六百年数量庞大的铜质香炉最准确的名称，但宣德炉即宣炉诞生以来发展壮大，巍巍然已成大山矗立，宣炉成为明清铜炉的最主流产品、顶级瑰宝与标准统称。人们在日常宽泛的交流中，提及宣炉，常常指的就是明清铜炉；提及明清铜炉，也仅认宣炉一脉。

明清铜炉即宣炉以及相关的铜质文房的高峰期是明代晚期。随着冶炼技术的大幅提高，文人阶层的大量参与以及《宣德彝器图谱》等著录的传播，晚明的铜炉铸造特别是文房用铜炉的铸造之风大盛，形成了具有宣德款识、简练炉式、肃穆皮色、精炼铜质及沉重手感的目前所知的宣炉流行风格。此后数百年来，尽管一直未有发现公认的宣德本朝的宣炉标准器，但这一顶尖艺术产品引发了后代历朝历代的竞相模仿，于同中求异，在工艺与美感上极尽考究，形成百花齐放之局面，明末清初到清代的康熙、雍正与乾隆三代犹然。时至今日，宣炉已经成为中国文房用品与古董收藏赏玩的重要组成部分，更被誉为「文房首器」。

明清两代，时人莫不以收藏宣炉为珍。明代文震亨在《长物志》中评价香炉：「三代秦汉鼎彝及官哥定窑龙泉宣窑皆以备赏鉴，非日用所宜，惟宣铜彝炉，最为适用。」清代张潮在《宣炉歌注小引》中称：「宣炉一种，则诚前无所师，后莫能继……所恨赝鼎纷陈，不可胜诂，非巨眼莫能辨之；良由爱之者多，则其值益贵，则赝者日繁。』可见其时宣炉高贵紧俏的程度。

宣炉是明清文人生活的重要构成部分，被赋予宗教信仰、美学素养、心性修养等多重内涵，成为与文人精神最为匹配之物。这种素雅简洁的审美和天人合一的态度，也是宋明理学达到巅峰后的必然选择——内省含蓄、波澜不惊，不御于物而以炉静心、存心养性，与明清文人热爱明式黄花梨家具，本质上完全一致。

事实上，宣炉和古典家具在很多地方相似，要么讲究线条，要么讲究纹饰。明式宣炉和明式家具，大多追求线条之美，炉有冲天耳、蚰龙耳、鬲炉之类，家具有刀牙案、素圈椅、官帽椅之类，俱为简洁素雅之典范。经典之作，增一分则肥，减一分则弱，比例协调、经久耐看。清式炉和清式家具，大多追求纹饰之美，花式炉和花式家具大行其道，反映了当时社会生活的富足繁华。当然，明式炉也有个别繁杂之类，例如胡文明、朱震明系列，亦有无款之杂宝，暗八仙等等，明式家具亦有明代灵芝纹紫檀画案、黄花梨雕花万历柜等等之类，纹饰繁杂而具富贵豪华之气。万事皆有主流、支流之分，断不可一概而论。

可以说，宣炉反映了明清文人书斋焚香、清玩雅叙之趣和返璞归真的最高精神追求，精神价值的核心是内省。体现在宣炉制作上，主流是追求简练高雅的造型，千锤百炼的工艺，上手把玩的质感和百看不厌的呈色。这种精神追求和审美把握，是中国士文化在明清之际发展出来的清流和顶峰，值得称颂、欣赏和学习。时至今日，这种中国文人的内核，在我们生活中继续由宣炉传承和表现，宣炉依旧是文房要品，清供、把玩、品香、伴琴、礼佛……

真宣何在

囿于到代标准器的缺失，宣炉研究一直未能有大的突破，真宣成为六百年未解之谜。宣德炉和景泰蓝、成化杯一样，本应是以年号命名的古代官造工艺品，但与后两者不同，至今未有真宣出世，也不见正史记载宣炉的只言片语。与子冈牌、供春壶乃至胡文明制炉、张鸣岐制手炉等民间工艺名家作品相比，上述这些作品虽然同样仿品极多，但仍有具备确切证据的本人亲制标准器，宣炉没有这样的标准器。

在这里，我们提供一种大胆的观点：铜质香炉的制作绵延几千年，明代宣德年间当然也有铜质香炉，在概率上来说，未来也很可能发现考古证据可以证明到代的宣德款的铜质香炉，但就算有，它并非所谓真宣，不管官造民制，也只是宣德年代的零星非系统的铜质香炉，它和此前的洪武年代乃至宋元的铜质香炉没有任何本质区别。真正以一个文房品类诞生存在的宣炉，真正开始形成目前这种公认的宣炉工艺和制作标准，流传至今而众人探讨和把玩的宣炉一脉，是在明中晚期也就是明代嘉靖万历年间，是当时的寄托慕古之作，随后兴起和盛行于明晚期、明末清初、清早期，在清中期后逐渐衰落。也就是说，和明式家具一样，宣炉诞生和兴起的准确时期是晚明，而非传说的宣德本朝。

宣德三年的铸造铜炉，有两种传说：一是官内佛殿失火，金银铜像都被熔成液体，于是宣德皇帝命令将其铸成铜炉；二是皇帝收到进贡铜三万九千斤，于是责成吕震和吴邦佐，参照宋代瓷器款式及《考古图》和《博古图录》，铸造出三千件（一说为五千件）香炉。说法一玄幻感性不经推敲，普遍被认为是明末文人杜撰，说法二却被多数民间收藏者所接受。

回顾历史文献，《宣德彝器谱》《宣德鼎彝谱》《宣德彝器图谱》等宣炉三谱，一直被奉为研究宣炉的经典之作，但商家不过以此炒作宣传，民间收藏者闻之而不读不研，学界则基本认为它们是后世伪作。

民国学者邵锐一九二八年在《宣炉汇释》第十篇『释谱录』中提出《宣德彝器谱》三卷本吕震之疑义：『未言其曾任工部尚书及进太子太傅也；且于宣德元年四月卒，则谱中所载何据？』但转而归咎于『岂书之不能尽信欤！抑传抄之互有差谬欤？』

外国学者Paul Pelliot早在一九三六年详细考证后，认定《宣德彝器图谱》是后世的伪作。宣德三年曾官方铸炉这一没有被任何官方历史文献所记载的说法，即最初典出此书。根据他的考证，最早提及此书的是清乾隆时期的杭世骏在一七七六年发表的一系列短文中提到了《宣德彝器谱》一书。同时期，《四库全书》的编委也见到了和杭世骏所述书名略不同的《宣德鼎彝谱》的文稿。该书分为八章，带有一四二八年的序。到了十九世纪该书被扩充到二十章。在一九二八年，该书最终定名为《宣德彝器图谱》，应也就是我们现在所看到的版本。

英国学者Rose Keer一九九〇年在《中国晚期铜器》一书中指出，宣炉可能是明晚期至清初康熙时期的作品，同时她发现明代许多文献系作者伪托前人所做，《宣德彝器图谱》等著作自不例外。

上海博物馆陆鹏亮馆员在《宣炉辨疑》一文中经大量科学论证后指出，在宣德朝官方并未大规模地铸造铜炉，宣炉实为晚明人臆造的一类伪文物，传世所见带各种宣德年号款的铜炉一般不早于万历朝。

学者刘静敏在《宣德铜炉试析》一文中指出：『宣德二年及三年有暹罗入贡记录……但未见风磨铜，工部亦未见宣德三年铸造鼎彝之事，因此不排除应有更多史料加以探讨。』

大量的考古行动徒劳无功，反向证明了宣德本朝大规模铸炉和开创宣炉这一艺术产品只是一个美好的传说。如上所述，每朝每代都存在铜质香炉，宣德本朝亦不会例外，未来也大概率能够发现到代的宣德款识的铜炉，但其并非宣德本朝批量开创的宣炉而只是零星制造的铜质香炉，其工艺水平和此前朝代的铜炉不会有任何本质区别，远远低于晚明的作品，绝不是传统意义上的宣炉的开宗之作——通常意义上的宣德本朝开创的所谓真宣，根本就不存在。宣炉属于晚明，是当时社会文化生活发达、文人想象力和审美提升以及厚古薄今思想浓厚的艺术创造产物，体现了当时最高的艺术水准。晚明文人和匠人合力创造它时，寄托一个曾经辉煌的宣德朝的款识，是当时托古、慕古风潮的顺应之作。

晚明并非黑暗和混乱，而是中国古代文明和文人文化的一大高峰。受限于清代得国后的全力掩盖和颠覆，在一般后人的印象中，晚明是一个腐败王朝崩盘的暗夜前夕。然而，真相并非如此。晚明相反是中国历史上思想最自由、物质最丰富、工艺最先进、文明最发达、文人最洒脱、创造最辉煌的一个时期。无怪乎当代西方汉学家史景迁（Jonathan D.Spence）就针对史学者们提出『最想要生活在哪个时代』的问题时，给了『晚明』这个答案。因为在史景迁眼中，中国的晚明是一个属于才子佳人的最伟大时代，是世界历史上最高雅、最有教养的一个时代。在这个时代的文人，既追慕先贤，又渴望创新，形成解放思潮。在艺术品创造上，大量失意于官场的文人投入其中，创造了最璀璨的文人文化，也包括了宣炉文化。

当今盛世，宣炉文化如火朝天、方兴未艾，最核心的收藏、欣赏与研究之本源不应是追求虚无缥缈的所谓真宣，而应是追求宣炉蕴含的审美精神，这才是宣炉作为中国古代杰出艺术品长盛不衰的根本价值。宣炉的造型、工艺、质感和呈色，远远超过它是否是宣德本朝的真宣的重要性。无论所谓真宣存在与否，宣炉之美早已被时间证明，不需要一张所谓出生证来旁证，更不应被某类似是而非的宣传所误导。那曾经让无数寻求心灵超越的文人欣喜、宽慰与空灵的金玉青烟，已经成为宣炉文化的最佳代言。

本书为余多年来倾力收纳之部分代表性宣炉及铜质文房汇总，配以个人品鉴、研究、经验、心得和感悟。本书取名《常珍》，一是藏炉中恰有一炉为此款，二是有感于宣炉至美，于空灵静谧中令君子修身养性，实为人生常需珍惜之瑰宝也。

是为前言。

浣竹主人于云多山房　壬寅年元月

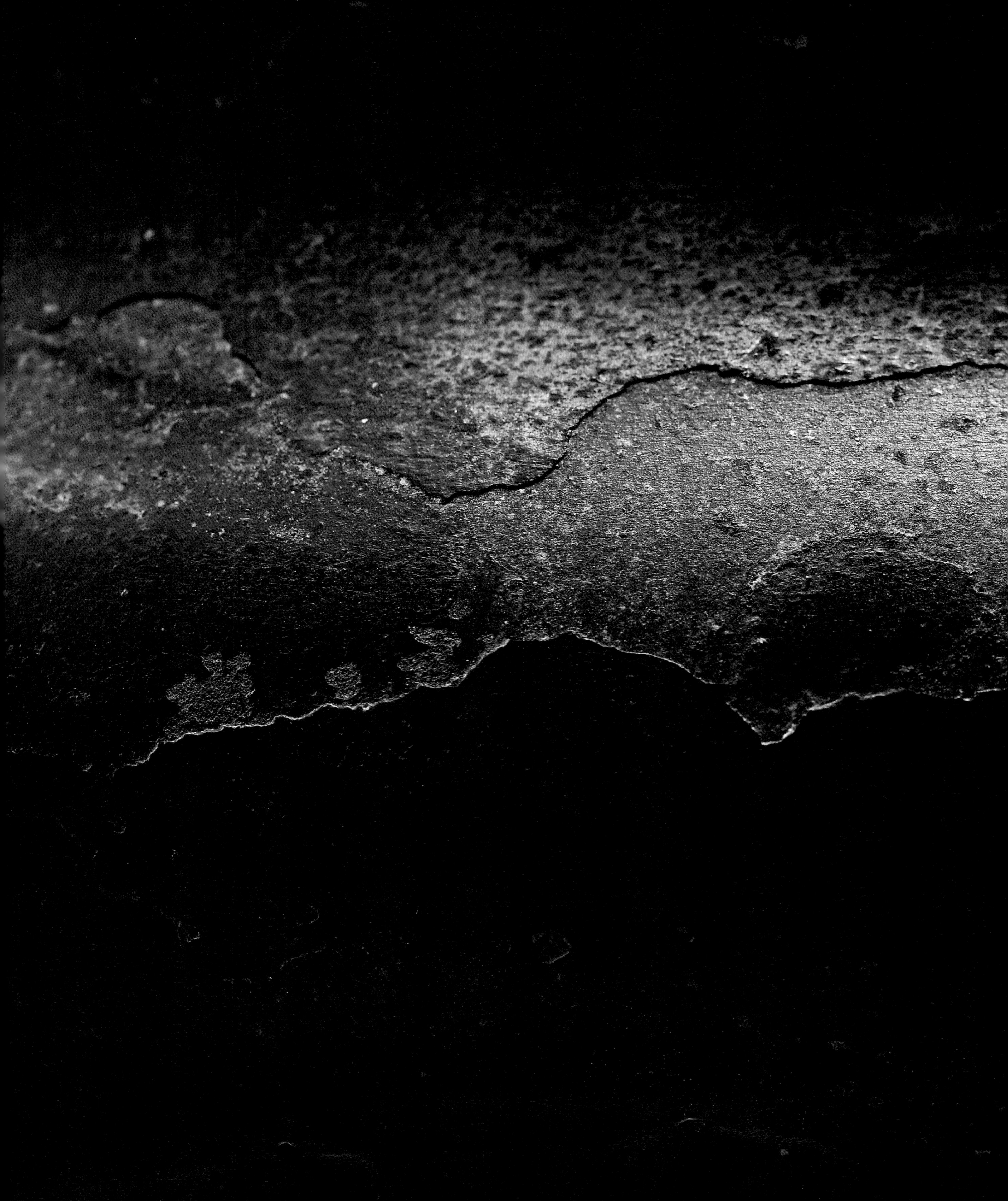

目录

文房百器 宣炉为首　明 文震亨《长物志》

【琴炉】（四二〇至四三九）

【手炉】（四四〇至四七三）

【铜质文房】（四七四至五三五）

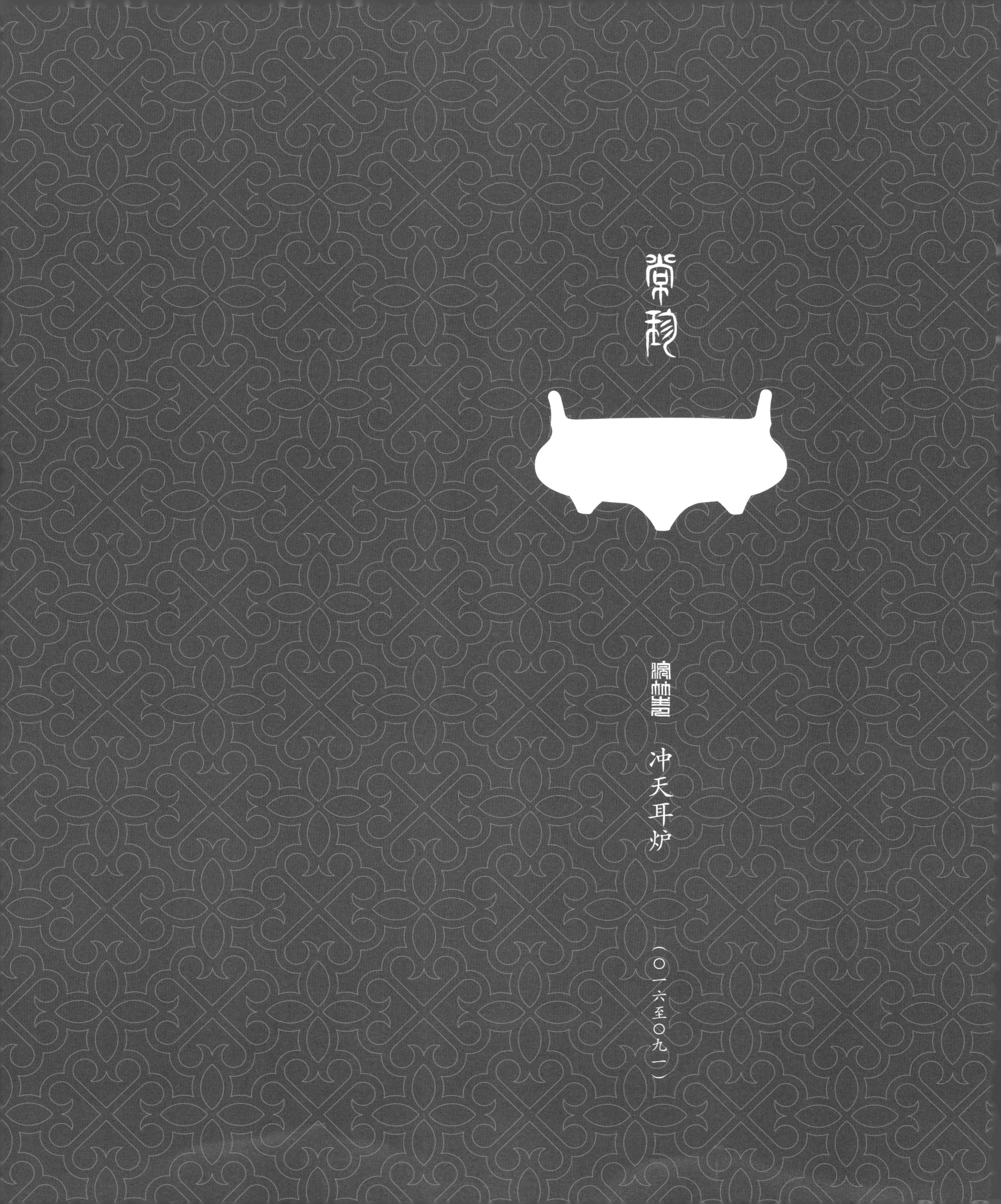
冲天耳炉
（〇一六至〇九一）

亦名朝天耳炉，双耳朝天、三足似乳，
造型仿自宋代官窑瓷器的款式，
是宣炉最为经典和最具代表性的炉形之一。
冲天耳炉颇有上古礼器遗韵，耳型朝天、
端正肃穆，寓『敬天法祖』之意，
在明清两代皇宫祭天拜神的重要礼仪活动中常有出现，
亦是宣炉最受文人喜爱的一大品种，
为书房陈设之无上雅器。

宣炉鉴赏是一门大的学问，简而概之，核心有九大要素：一、造型，二、款识，三、年份，四、手头，五、工艺，六、皮色，七、品相，八、铜质，九、品类，是为『品炉九点』。顶级好炉，缺一不可。

【造型】　宣炉以简为至美，曲线优美、素雅简洁、重心偏下、经典器型是宣炉收藏的主流追求。当然，美不是单一的。凡宣炉精品之作，讲究比例协调，经久耐看，特别是视觉上的第一感觉最为重要。一颗炉，摆在案上，远远望去，能抓住人的眼球，那一定是它的造型有独到之处，或稳重大气，或文气雅致，或富贵逼人，这是一颗炉的气质。

【款识】　款识含义和书法刻工为鉴赏两大要素。宣德款是款识的最大主流，好的宣德六字款、四字款，不输私款。如有真宣，也必出自宣德款。各类私款则为明清文人参与制器的成果，稀缺性、个性化、多内涵是其加分项，或是文人雅士书房、地名、人名的统称，或反映文人之雅好、追求与自省、自警、自励。古人视宣炉为传世之器，期望子孙永宝用之，代代珍之。

【年份】　明中晚期到明晚期的明炉为制炉之巅峰作品，爱炉人为求晚明佳器而耗其一生心力，足见明炉之魅力；明末清初之时，本朝审美尚未形成，明代风格的明式炉亦可纳入广义的明炉概念；清早期开始形成本朝制炉风格，在乾隆时达到顶点，可谓清式炉；唯清中期后国力锐降，铜炉制作一退千里，故藏炉最晚不要晚于清中期。

【手头】　铜是贵金属，是财富的代表，坠沉感是人类本性对于贵金属和财产占有的心理需求。宣炉收藏，不求死重或单纯追求数据，而应追求整体的压手感，这是器物质感的一部分。目前的实物来看，明炉手头均不错但非死沉，手头最好的炉集中在康熙盛世而非明晚期，清晚期和民国出现过一批不法商贩加铅增重的炉，断不可藏。

【工艺】　藏炉应当特别关注炉的耳、足、口和曲面等细部处理是否精细与是否匠心独运，内膛的处理方式也是一个重要考量。需要指出的是，旋纹内膛还是毛膛，只是各大炉坊制作处理内膛工艺的区别，个人喜好可以有别，但并无高下之分，亦无法单独以此作为判断炉子年份的依据。

【皮色】　原皮是第一选择。原皮不是脏，是原生态的炉去掉脏灰油腻以后恢复原始皮色，再加温养，回复数百年前宣炉旧貌。打皮后养实为原皮无法保留后的无奈之举，后养皮色以宝光暗现，无火气、有厚度、有老气为佳。

【品相】完美品相当然最佳，但微磕、划痕等历史的痕迹在铜制品收藏中应当接受，至于出炉老补，只要不是过大或过于明显而影响观察和手感，则不认为是大的问题。所谓『十炉九补』，很小的米粒补在铸造过程中是常有的，只不过原皮覆盖加之工艺精湛，无法发现。古人爱物惜物，亦可见一斑。

【铜质】宣炉讲究精炼，古有九炼、十二炼之说，言其铜质精纯。水红铜、精黄铜都是宣炉收藏优选，主要是追求一个视觉和触觉的『糯』字：铜质精良，无颗粒感、无疏硬感、无轻浮感。明末清初文学家冒辟疆在《宣炉歌》里描述的『如好女子肌肤，柔腻可掐』，就是说的精品宣炉的质感。

【品类】经典品种当然是收藏最佳选择，以其凝聚数百年文人审美的雕琢与筛选，凝结成艺术品精华。同为经典则在同等品质下物以稀为贵，品类稀少者相对市场价值更高，如马槽炉、如意耳炉、戟耳筒炉、素钵炉、素筒炉等罕见品种，价值比同品质冲天耳炉、蚰龙耳炉、鬲炉又高出很多。至于经典品种的一些奇异变种，如三足蚰龙耳炉、圈足压经炉、三足戟耳炉……以及大量的非经典殊品等，可藏不可偏也。

宣德六字款冲天耳炉

口径：十六・二厘米
高度：七・二厘米
重量：二四八〇克
款识：『大明宣德年制』六字楷书款
年份：明中晚期

斯冲天耳大炉可谓九九归一，
『品炉九点』一概不缺之好炉，
尽显明中晚期宣炉发轫时，
铜器制作特征与最高水准。
斯炉体形硕大、端庄雄浑、耳尖丰硕、口薄壁厚；
款字疏朗，字体硬朗奇雄且不失俊俏大气；
腹垂圆、足精润、堂粗犷、铜细腻；
张力无处不在，又无处不显豪横霸气，
非国力强盛时官家不可铸也。
斯炉得自中原世家，得时原生态，精纯铜质偶露处，
无异于黄金，极重而坠手感极强；
蟹壳青原皮外更残存五六百年前出炉坊时黑色大漆皮壳，
斑驳古意，观者肃然。
经典常伴左右，此刻无需多言。

宣炉鉴赏属于一类不大不小的文玩范围，
民间参与多但真正透彻研究和登堂入室者少。
比如宣炉发展几百年来，
有哪些制作机构与知名炉坊，
一直未得清晰的说法，
更遑论实地考察和遗址确定；
比如历朝历代的政府究竟有无系统批量铸造宣炉，
一两个达到官造水准的宣炉是无法确定此立论的；
再比如长久秉持的『北铸南铸、京造苏造』概念，
也基本停留在行家里手的感性思维及经验判断上。

宣德六字款冲天耳炉

口径：十四・五厘米
高度：七厘米
重量：一八四五克
款识：『大明宣德年制』六字楷书款
年份：明晚期

斯炉即为公认之明晚期南铸苏造冲天耳炉，下一炉则一般定为明晚期北铸京造。二者主要区分基于造型、工艺和款识的细微差别：苏造宣炉更加秀美飘逸，京造宣炉更加端庄厚重，特别是炉耳厚薄、炉腹鼓扁、口沿工艺、底部曲线、乳足形状的处理以及款识的书法风格，均有所不同。

斯炉鳝鱼黄原皮，炉身带出土红斑，形体大气稳重，工艺精美细致，铜质细糯可掐，款识端正有力，可为明代崇祯的苏造宣炉代表作。

斯炉为天佑刘兄旧藏，颇为珍视，余追索多年方得惠让。刘兄眼力精到，人品皎洁，昔日与余皆居羊城，近水楼台交往颇多，每得佳炉必聚而品之。岁月如梭，往事历历，一晃经年矣。

大明
宣德
年製

宣炉收藏，喜好各有倾向，炉之大小皆有人爱，
并无高下之分，大炉有好炉，小炉亦有好炉；
特别大的好炉和特别小的好炉，都以其稀少罕见，更得到世人追捧。
现在留存的宣炉主流尺寸是口径十二至十五厘米，
也就是古时四到五寸，如有外向形的耳朵，
算上耳朵的最大直径是二十厘米左右。
原因何在？缘于生活空间如何，其用之物就会以此为限而生。
古时房屋层高四五米，其屏风、牌匾等都是放大的，
条案也是两到三米长，现在的普通民居空间放不进去，
却是符合当时空间配比的，宣炉在古代的房屋空间里也是如此。
当时黄花梨的香几的几面一般都是六十乘以五十厘米，
这个尺寸正好可以摆放一个最大直径二十厘米的香炉，
也可以摆放一套炉瓶盒三式，这些从明清的绘画作品中都可管窥。
因此，十二至十五厘米口径的宣炉最为适合明清的主流空间选择，
也就顺理成章成为最畅销之艺术品。

大明宣德年製

宣德六字款冲天耳炉

口径：十三・五 厘米
高度：六・二 厘米
重量：一五五五 克
款识：『大明宣德年制』六字楷书款
年份：明晚期

斯炉为明晚期北铸京造宣炉的上品。原生态，藏青色原皮壳，状态深沉内敛，器身扁圆浑厚；薄唇外侈、短束颈、垂鼓腹、厚立耳；规格适中却显饱满壮阔之气，扁圆炉身则有向上拉伸之感，代表崇祯朝宣炉制作的高水准。

斯炉大小即为宣炉陈设主流，且厚重大气、用料奢侈，应为高端之选。明晚期崇祯朝另有一类口径约十二厘米两斤重的冲天耳炉，形态类似而较为常见，应是当时有产文人居家常选。

前文有述，宣炉最简单的年份划分为明清两代，即明炉和清炉。狭义上，当然是以两代的更迭即一六四四年来严格区分明清之别，但除了明确的纪年款宣炉可以锁定年份，广义上说，类似黄花梨家具的年份划分，明中晚期、明晚期、明末清初的明代风格的炉均为明炉，也即明式炉；清早期开始形成清代本朝制炉风格，在乾隆时达到顶点，可谓清式炉；清中期以后的铜炉品质锐降，已无收藏价值。

明清两代的宣炉各有优点，明炉崇尚素雅简洁，清炉追求雍容霸气，这是明代与清代的社会整体审美的区别。当然，从宣炉内敛自省的审美本源来看，明炉更能代表和体现这一艺术品的创造初心。然两代皆有审美高雅之品，过度追求明炉亦似不可为。

从『品炉九点』可以一一解析明清两代宣炉的异同，业界公认的说法大致是：明炉重韵，明炉器型简练，线条简洁、古朴素雅、沉稳肃静；清炉重形，清炉器型端庄大气、雍容稳重、富有张力、霸气十足。明炉沉坠，明炉为薄口，炉壁从上往下逐渐增厚，重心下沉于底，置于掌中坠掌心而向下，常见入明佳器的上手的压手感远超目测预判重量，奇趣顿生，不免惊叹古人之智慧；清炉厚重，清炉一改明代铸法，厚口厚壁厚底，重心移至炉身中部，单取厚重之势，如泰山之稳。明炉和清炉款识的区别明显：明款尚意，讲究金石独具，刻款多且极具匠心，风格似文人所用之寿山印章，地章凹凸不平，文字疏朗隔离，以表现书法意趣为诉求；清款尚法，追求细腻规整，款字方正严峻，法度森严，刻款铸款均有，款与形结合高度紧密，处处体现出清王朝国富民强之景象。明炉和清炉的铜质亦有区别，这当然和铜炉作坊的铜矿供应和冶炼水平息息相关。从目前的实物看，狭义的明炉有精黄铜和水红铜，康熙早期以前的明代风格的明式炉颇多水红铜；清炉则各种铜质皆有，有些炉坊出品以陈设为用而不注重精炼铜质，清中期后更是江河日下，铜质粗疏。

吕氏家藏款冲天耳炉

口径：十二·三 厘米
高度：五·一 厘米
重量：一二八六 克
款识：『吕氏家藏』四字篆书款
年份：明中晚期

斯炉造型凝重大气，圆熟古朴，扁宽沉稳；
双耳挺立，耳孔如卧蚕，口耳皆薄而炉腹垂腴，
乳足鲜活似妙龄，炉底沉重如坠；
自嘉万年间经五六百年之烧炼，精铜变幻，内蕴光芒，
莹润如釉，绵滑似缎，赭褐色原皮间斑驳绿锈，
已呈结晶状，灿润如翡翠；
底部柳叶篆书款识，轻灵秀美，飘飘随风，疏朗别致。

所谓柳叶篆，以形似柳叶得名，为晋代书法家卫瓘所创，
宋僧梦英《十八体书》谓其『作《柳叶篆》其迹类薤叶而不真，
笔势明劲，莫能得学』。
柳叶篆字形极有特点，笔画线条两端尖细，中间较为粗壮；
尤其是横笔和竖笔，犹似柳叶之形。
这类书体风格儒雅自然，飘逸灵动，
在众多篆书体中脱颖而出，独树一帜，得到明代文人雅士的喜爱。
明代宣炉中落精美柳叶篆款者，常多极品。

斯炉可谓精良巨制，人言系出名门，
乃余姚望族吕氏百年家藏，惜无从考证。
余得斯炉于苏州，为多年前首入顶级好炉。
彼时一见倾心，常思置于明式案头之文人风味，
不可自拔，遂重金请回。

宣炉鉴赏，款识极为重要。款为炉之魂，一般而言，好炉必好款，好款亦必好炉。

以工艺分，宣炉款识有刻款、铸款及铸后加修款等。款识的工艺并不能作为判定宣炉年份的标准，早期炉有铸款，晚期炉亦有刻款，但明末清初一段时间，金石学兴起的大背景下，文人参与宣炉制作，推动刻款流行，工艺亦到达极高的水准。银钩铁画，刀痕历历的款识，充满张力，美感与个性气息，得到数百年的藏炉人追捧。相比起来，一次成形的铸款大多显得过于简单，甚至失之粗略，而铸后加修款又多数刻意工整，不讨大多数人欢喜。

谈到宣炉款识的工艺，有两个有趣的现象：一个是『款炉分铸』，即炉款和炉身分开制作，最后合融。这种技术是工业分工的结果，有效提升了生产效率，提升了款识精美度。从宣炉实例看，款炉分铸大约产生于清代康熙年间，并在之后迅速推广，后期因为国力下降、工艺掌握不纯熟，常出现款识脱落的案例。它的存在也侧面证明：所谓『嵌款厄』『凿款厄』——真宣被挖款或改款，又是一种宣炉商贩附会以图溢价的传说。

另一个有趣的现象是，一些宣炉的内膛中与底款对应的地方存有方形铸痕，这种铸痕全部出现在铸款炉而非刻款炉上。细究宣炉铸造的工艺流程，此应为失蜡法成炉模后需在炉底冲印款识，为不使蜡模冲塌冲裂，唯有于内膛对应位置垫片以受力，故留下痕迹。

以字体分，宣炉款识有楷书、篆书、草书、隶书等。这之间又有很多细项的划分，比如篆书就有方篆、圆篆、铁线篆、柳叶篆乃至鸟虫篆等。楷书款是最常见的款识，年份跨度也最大；篆书是目前较受追捧的款识，深得各类藏友喜爱；草书和隶书的款识出现时间一般偏晚，很少见到年份特别好的此类款识的宣炉。

以最重要的款识的文字内容划分，有宣德款、私款、年号款、纪年款，这也是目前宣炉研藏最有研究必要和最吸引人的地方。

宣德款炉存世最多，品种也最多，是其他各类款识难以望其项背的。自宣炉诞生以来，历朝历代制作的铜炉绝大部分带宣德款，这亦令宣德款丧失了年号纪年来判定年份的意义，成为明清铜炉的『标配』，成为明清铜炉被统一称为宣炉的根源，成为最大宗的『寄托款』。

宣德款有『宣』一字款，『宣德』二字款，『宣德年』三字款，『宣德年制』四字款，『大明宣德年制』六字款，以及五字款、七字款、八字款、十字款、十二字款、十六字款等等，其中，六字款最为常见，四字款次之。可以说，如果有宣德本朝的真宣，一定出在此两类款炉中。其他剩下的八类乃至更多款，年份大多集中在清三代及以后，鲜见明确入明的器物。

宣德款还有一个对初学者比较有误导或者值得探讨的话题，即『德』有无一横的问题，历来说法很多，个别专著亦有误导倾向：即将『德』有无一横作为年份判断的依据，甚至作为是否真宣判断的依据。事实上，真宣无明确标准器，而即便作为年份划分，『德』有无一横也并非准确标准。『德』字无一横的款炉并非年份就好，其时代跨度很大，从明到清甚至到民国都有；『德』字有一横的款炉也并非年份就差，虽然其大部分集中在清中到民国，少量也有清早期甚至入明的情况，反而更显稀贵。

私款炉是明清官宦、富贵、读书人家以自身需求定制的款炉，也是目前最受热捧的品种，盖因其独一无二、品质卓越，充分体现了宣炉之美和个性追求。私款炉当然也有高下之分：档次较低的，也是最为常见的是一类商品类私款炉，是当时各大炉坊为迎合潮流喜好而批量制作的所谓『私款』，相当于现在的量产奢侈品。严格意义上讲，这类款炉不算是真私款炉，虽然普遍质量不低，但绝大多数不算珍品，如『仿古、古氏、宝用、珍玩、琴书侣、水云居、松月侣、玩竹斋、家藏珍宝、珍舍永宝、永存珍玩、玉堂清玩』等等。其中，『玉堂清玩』系列款炉最值得研究，是一支不小的专项，此类宣炉的年份和档次跨度很大，也出现不少顶级制品。另外，明清两代一些名家如施家、巴格，一些炉坊如诚意斋、博古斋等制作的作坊作品，严格来说也应该属于商品款，是更高档次的大品牌奢侈品。

真正的私款炉等级最高，其中稍微常见的是独一无二或至多定做三两只的『某某家藏』款、『某某珍玩』款、『某某制』款、『某某堂』款、『某某斋』款、『某某阁』款等等；稍微少见的是地名款，如：禹州、松潭等；人名款，如：白云主人、平山居士等；图案款亦可纳入私款概念，如瑞兽图案、阴阳图案、宝相花图案、八卦图案等等；诗文及儒家经典用语自勉款，如：常珍、存养、冰释、心华、虚节、淡而不厌、乐琴书以消忧、晨兴半柱茗香、佃袅金猊弄水沉等等。

年号款，这里特指宣德款以外的其他年号款。如：大明永乐年制、大明正德年制、大明崇祯年制、大清康熙年制、大清雍正年制、大清乾隆年制、成化年施虔制、崇祯年制问奇斋藏等等。这类年号款也要一分为二地看，部分品质高端，造型工艺特征符合的，可定为本朝年号款，甚至官造炉、宫廷炉；部分品质普通、特征不符的，属于后朝慕古托古作品，也就是『寄托款』。

目前来看，宣炉年号款中早于宣德的，永乐款尚无明确可认定为永乐本朝的器物；晚于宣德的，成化款类似于永乐款，属于慕古寄托；正德款炉存世量较多，可能有极小部分或可断为正德本朝甚至官器——这么说是谨慎起见，事实上目前亦无公认到代正德的宣炉——绝大部分也和永乐、成化等款识一样，是清代制品；剩下的其他年号款都极为稀少，综合各个特征判定其真实到代本朝的比例却较高。从目前出现的实物来看，崇祯、乾隆相对数量最多，康熙次之，嘉靖、万历、顺治、雍正以及其他再往后朝代的款识都很罕见。这些真实到代纪年款宣炉数量的多寡反映出两个问题：一是印证了宣炉真正诞生于明中晚期也就是嘉万年间的论断，嘉靖之前无公认到代宣炉；一是反映出崇祯和康乾盛世是宣炉创作的量和质的共同巅峰，留下了相对多的公认到代的纪年款。当然，此类款炉品质亦有很大差别，是否本朝以及是本朝官器或本朝民铸，仍需就具体个炉本身的特征来综合判定。

纪年款，是将国朝、年号、干支，甚至地名、用途、制作者、藏玩者合在一起制作的款识。此类款炉既有明确的纪年，又有私款的各类特征，最为罕见和珍贵，如果炉的整体品质兼之卓越，则即为万里挑一的顶级好炉。如：崇祯壬午冬月青来监造、大清顺治辛丑郧中比丘超格虔造供佛、康熙癸丑夏月望子家藏、雍正己酉等等。当然，此类款炉也有『寄托款』，虽然有年号干支，但实为匠人慕古而信手拈来重复仿制，综合各项特征可以断定并非确切纪年，如一些『宣德、成化、正德再加纪年』的款识，宣德二年周义、宣德五年吴邦佐、成化三年等等，均为清代铸造。

值得一提的是，鉴藏宣炉不能囿于某点而忽视全貌。款识重要但不能只看款识，要综合以『品炉九点』来整体评判一颗炉的优劣等级。私款炉的好炉多，但也并非绝对。商品类私款炉中个别炉年份很差、档次很低；即便是不常见的地名、人名、图案乃至诗文款的宣炉，也存在一些款识重复、品质普通的清代制品。如清中期出现的『不为俗情所得』『戊辰米生堂制』『器宁而静，质坚而文，鸟叚云上，吐纳烟云，静观主人』等款识，并非独一无二定制私款，而是批量制作的商品款，这些款识的宣炉年份靠后、工艺寻常、粗大笨重，浅识者少见多怪误当宝矣。

云多山房款冲天耳炉

口径：十·五 厘米
高度：五·二 厘米
重量：九八二 克
款识：『云多山房』四字篆书款
年份：明晚期

斯炉造型秀美无匹，三乳足尖挺有力，双耳罕有起棱线，
凸显立体感，内膛细密旋纹并遍施大漆。
与吕氏家藏款冲天耳炉相比，斯炉之美即在一个『秀』字，
晚明文人追求的典雅、轻灵、隽秀、飘逸，其上表露无遗。

斯炉尤为特殊的是款识，
『云多山房』四字篆书为奇特罕见的鸟虫篆，
四字皆浅刀刻，排列舒朗隔离，线条古拙奇崛，
以刀代笔，自成一景。余一见倾心，更以此命名书斋。

我们说，款识的书写意趣高于制作层面，
是晚明文人宣炉审美的一大重点；
造器只为悦己而不悦人，
也是晚明器物为何能极大影响后世审美的重要原因。
此类鸟虫篆，唯晚明出现，自康熙盛世，此类书风即已消逝。
盖因晚明奔放自由、意趣滋生，
后世注重天朝庄严，或以其字形乖张奇特而弃之不用。

斯炉本出苏州，辗转后得自炉界大行明清散人郭氏，
郭乃广东顺德人士，以宣炉为业，筚路蓝缕创出亿万身家，
多年来过手好炉无数，玉成众多爱炉者。
余之好炉多有得自其者，价格合理、品质卓越，
感恩之心，于此言表。

宣炉是实用器，是礼器，更是陈设、把玩，
增加审美趣味和人生情感的赏玩器，
这是宣炉与其诞生之前的铜质及其他香炉的质的区别。

按照使用环境的不同，
宣炉大致可以分为三大类：厅堂器、文房器和家用器。

厅堂器是皇室、官方、家族敬神礼器，多为宫观寺院厅堂陈设。
一般体积较大，炉形端庄大气，
炉款以宣德六字楷书款或宣德铁线篆书款为主，
亦有注明使用地者。
此类铜炉，多为官方或大作坊制作，陈设镇宅祭祀礼仪之用。
炉形常有朝冠耳炉，压经炉，鬲炉，冲天耳炉，
蚰龙耳炉、钵炉、兽耳炉等。

文房器是文房赏玩器，宣炉为文房之首，
宣炉是作为文房器而创制，
文房器，包括宫廷文房器是宣炉的最主流。
明清两代文人乃至皇帝本人都直接推动宣炉的创设和变化，
亲自参与指导铸造铜炉蔚然成风。
古人静坐书斋，文案之上，笔墨俱全，案头置小炉一颗，
或时而端起随手把玩，香烟缭绕、意趣横生。

此类体积不会过大，炉形多以小巧取胜，
适合案头雅玩、焚香伴读，
其中尤以口径八至十厘米的所谓『三寸文房炉』最受喜爱。
炉款、炉形则各类皆有，
私款等独一无二的款识以及简洁素雅的经典器型最受追捧。

家用器是民间用炉，多为民间小作坊制作，多为清中期以后制品。
无论是炉形的把握，还是款识的精细，
包括铜质的冶炼技术及工艺铸造水准，均远不及以上两类。
此系列铜炉底款多为『大明宣德年制』铸造款，
款识做工粗糙，铜质松散不精，无收藏价值。

这里强调：厅堂器、文房器和家用器的划分，
不是那么泾渭分明，中间互有交叉。
厅堂器有官造有民造，文房器有文人造也有官造，
乃至宫廷造办处出品的内府赏玩用品。
精确的说法，官造，指的是政府督造，范围较为广泛；
宫廷制品是官造中的官造，
仅指宫廷造办处为皇室乃至皇上本人打造的无上精品。

宣德四字款冲天耳炉

口径：十二·八厘米
高度：五·八厘米
重量：一三三八克
款识：『宣德年制』四字楷书款
年份：明晚期
出版：《辨物：崇祯时期的宣德炉》
第一二〇至一二三页，
文物出版社，二〇一九年。

本书藏品均为文房器或厅堂文房皆可之精品宣炉，
民间用炉不登大雅之堂。
斯炉即为文房赏玩佳器，为明代崇祯朝典型器物，风气卓然。
炉身扁，薄唇外侈，上起双冲耳，形如玉带、耳洞腰圆；
扁鼓腹微垂，三乳足自然胥出，足尖着地面极小，
尖而不薄，露铜处可见铜质久炼，色如黄金，细密赤亮；
器壁由口至底渐厚，重量集中于器物下半部，压手感强；
底部微凸，中央开框为罕见的圆框，
減地阳文手刻『宣德年制』四字楷书，
系源于宣德时期瓷器的落款风格，再加入金石篆意，
以刀代笔，奏刀缓缓刻出，为正统晚明书风；
皮色更具特点，皮壳厚重，红斑突出器表，斑驳俏丽。
斯炉为典型晚明文人书斋置器，
与清代后世器型相较，后者差之远矣。

斯炉得自小石洞山房张兄。
张兄湖南长沙人士，人微胖，性诙谐，
人品正直，审美独到，看炉独具慧眼，可谓火眼金睛。
张兄于我亦师亦友，甚为敬佩之炉界高人也。

宣德年製

宣德年製

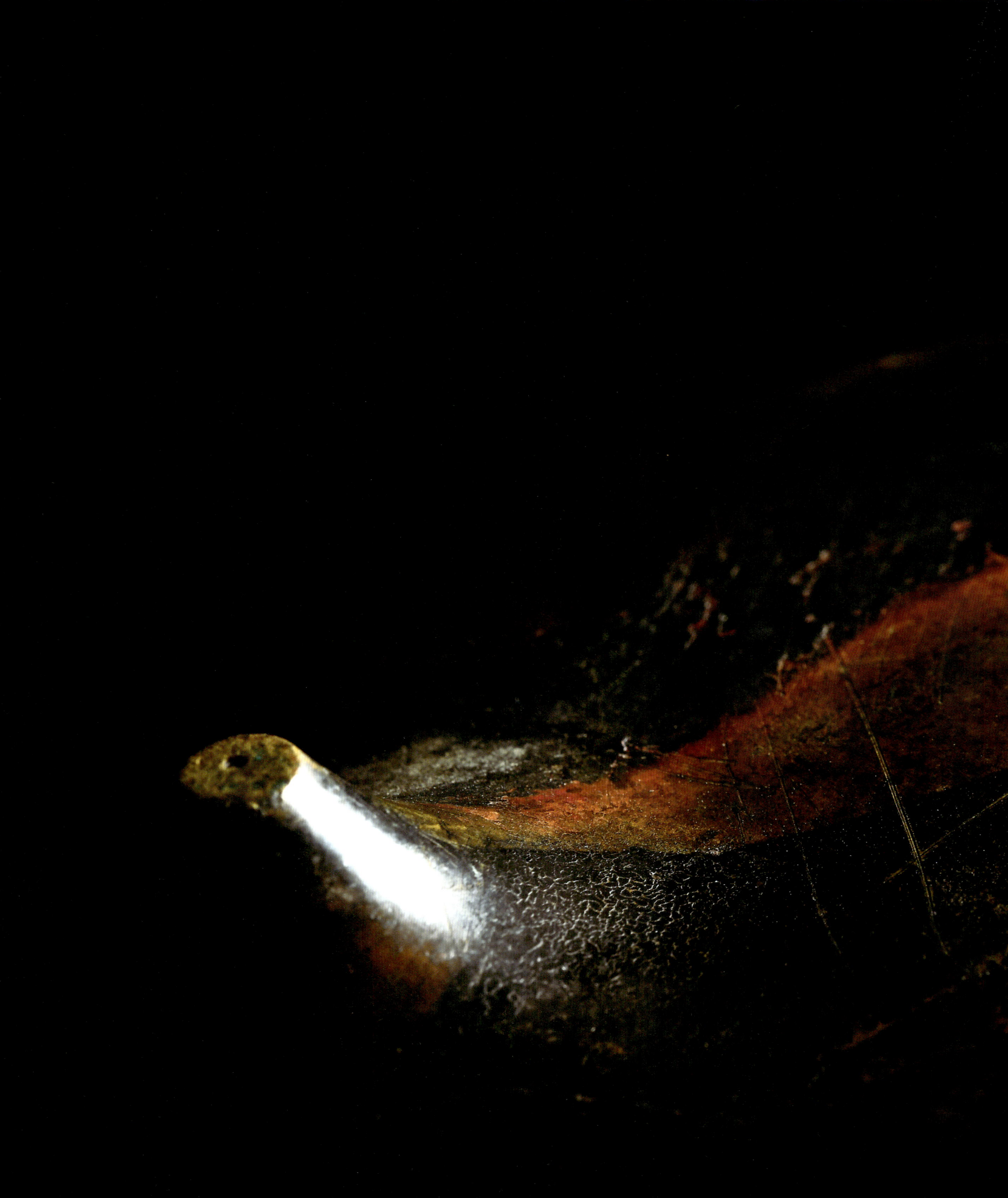

宣炉是明清文人表达思想的一处个人标的，炉款体现得最多。
或刻斋号或诗言志，
或记载人生大事或祈祷上天，均在小小炉款。
很多炉款源于四书五经，
比如《论语·学而》篇的『三省吾身』，
就是孔子弟子曾子的话。

曾子曰：『吾日三省吾身：为人谋而不忠乎？
与朋友交而不信乎？
传不习乎？』意思是说，
曾子（包括像曾子这样有贤德之心的人）
每日都应该对自身有所反省，
比如与人谋事，是否能够做到用心纯良；
与朋友交契，是否能够做到恪守信义；
所习学的道业，是否能够传习贯通？

省吾主人珍玩款冲天耳炉

口径：十一・三 厘米

高度：五 厘米

重量：一三三一 克

款识：『省吾主人珍玩』六字篆书款

年份：明晚期

斯炉是文人君子『三省吾身』最好的陪伴，
气质沉稳，时代特征鲜明，文人气度尽显，
乃明晚期私款炉傲视同侪之作。
炉身小巧而宽扁，口缘薄挺，炉腹底不惜用料增厚，
重量惊人，手感不亚黄金；
唇口外侈，微束颈，垂鼓腹，双冲耳稍外倾；
底微弧，出三乳足，倒三角状，势外张；
铜质泛赤红，质地糯软，呈现乌光质感；
内膛旋纹见跳刀痕，外炉底曲面，中央开长方框，
内剔刻『省吾主人珍玩』六字繁方篆，
布局考究，结体瘦长，地深字峻，錾剔一气呵成。

省吾主人已不可考，其人曾日夜珍玩之炉完好置于案头，
其人『三省吾身』之精神追求亦历经数百年风雨不灭传承于此，
这不 就是中华文明绵延不断、历久弥新的文脉？

宣炉诞生时的色彩审美本源是原始皮色，
即铜质本身的自然金属色。
随着受众愈广、需求增多，宣炉皮色有了更多变化，
明晚期产生鎏金、洒金和嵌金银等工艺，
以及红、黑、青等各类自然颜料重染覆盖的敷色。
这些装饰手法多种多样，开辟了新的审美趣味，
特别在清乾隆盛世年代，应用更加广泛。

宣炉皮色经过复杂工艺制成，
工匠用特制染料对炉体进行浸润、擦拭、熏洗、烘烤等加工，
经多次涂色与烘烤，色料会附着于炉身表面，
形成一层致密入里的皮色。
经白蜡封罩，这层皮色会更加牢固，即使利刃剔刻也不易脱落。
不同的染料配方及染色方式赋予宣炉丰富的色彩效果，
《宣德彝器图谱》总结皮色有十几种：
类金、腊茶、大红袍、鳝鱼黄、蟹壳青、熟栗、藏经纸、
赤金裹银和黑漆古斑等等。

鎏金或洒金是另一种传统工艺，用来在金属表面贴金，
是器物制成后二次加工而得。
简单地讲，就是将金和水银合成后涂在铜器表面，
然后加热使水银蒸发，金就附着在器面不脱。
嵌金银则是高古青铜器即有的工艺，
将细密的金丝银线嵌入器物表面，增加色彩和华贵感。
这些皮色上的工艺令宣炉既贵亦雅，
于光线照耀下金光闪烁，令人着迷。

另有一种做皮工艺，易与洒金工艺混淆，
即整体敷色、部分露铜：宣炉整体制作统一皮色以外，
保留一些个别部分，露出铜的本色。
这些铜的本色处斑斑点点如漫天花雨，
与其他统一敷色处相映生辉，不细看会将铜色误为洒金。
一个典型的实例是昔年苏富比释出的『大清雍正年制』款官造钵炉，
炉身整体做了红皮而保留多处大小不一的不规则露铜，
有类似洒金的效果。

宣德六字款冲天耳炉

口径：十一・六 厘米
高度：五・四 厘米
重量：一〇〇三 克
款识：『大明宣德年制』六字楷书款
年份：明晚期

斯炉为典型的明晚期洒金冲天耳炉，即这一工艺最早期的应用，颇为罕见。斯炉各部比例协调，造型端庄典雅；短直颈上出双耳，大小匀称；腹扁微垂，底落三乳足，齐平有力；底款笔画横直，琢刻有力，明味十足；整器通体洒金为饰，金点斑驳、飘然纷落，色泽富贵艳丽，使器体颜色不再单调，铜红金烁、高贵非凡。

大明
宣德
年製

明晚期大约自一六〇〇年开始的近半个世纪，
是宣炉制作的一个高峰期，
量质齐飞，至崇祯朝达到顶峰。

但是，崇祯最后几年国力锐降、生灵凋敝，
宣炉制作水平和审美高度虽然仍在，
和前面几十年的巅峰相比，
无论是用料、铜质、工艺等均有一定程度的下滑。
崇祯朝一类口径约十二厘米，
重约两斤的冲天耳炉就是这类的代表。
与之对比明显的，
真正明晚期巅峰时的宣炉作品，
则在『品炉九点』各方面堪称翘楚。

大明
宣德
年製

宣德六字款冲天耳炉

口径：十一·八厘米
高度：五·二厘米
重量：一三〇四克
款识：『大明宣德年制』六字楷书款
年份：明晚期

斯炉为明晚期顶级冲天耳炉之代表，大小和彼类两斤重崇祯冲天耳炉类似，品质高出何止一筹？

斯炉选用明晚期代表性的精黄铜，器壁不厚却压手，分量十足；做工细腻、重心稳帖，耳洞呈椭圆孔，向两侧略加外侈；三乳足起承转合、流畅舒展，宛若溪水缓流般平静祥和、自然天成；内膛经多年使用而弦纹不隐，底款平整干净、泾渭分明，精剔研磨、朴拙古雅。如此佳炉，实非寻常私款炉可匹。

大明宣德年製

水红铜和精黄铜，

是宣炉铸造特别是清早期以前宣炉铸造，

常用的两大高端铜质，

以精纯细糯闻名，

抚之滑润、掂之压手，深得古今文人的喜爱。

当然，具体到某一枚宣炉，

手工制品的含铜量都会有细微的差别，

色感上自黄至红、渐变有别。

至于青铜和杂黄铜，

常出现于明早期以及宋元之前，

白铜又是清中期之后的选择了。

这也从一个角度说明，宣炉的诞生，

离不开工艺和审美的提升，

更离不开采矿和铸炼的发展——没有所谓『十二炼』的精炼技术，

纯上加纯的铜质，就没有夺人心魄、慰人心神的宣炉。

宣德六字款冲天耳炉

口径：十五・五 厘米
高度：七・一 厘米
重量：二三九三 克
款识：『大明宣德年制』六字楷书款
年份：明晚期

斯炉属大炉，同为明晚期冲天耳炉之翘楚，代表了当时宣炉特别是冲天耳炉铸造的最高水准。整器水红铜精铸，铜质精纯赤红，用料奢侈，单手难托；胎体厚重，薄唇厚壁，硕耳扁腹，下承三乳足，曲线玲珑，婉转优美；底部优雅弧面处理，柔美顺帖，中央开框手刻宣德六字楷书款，奇雄瑰丽，非大明无此大气魄。

斯炉绝美处在其铜质与皮色。水红铜璀璨艳丽，细糯可掐，原始红皮『大红袍』完全保留，深赤绝美，抚之生辉；部分红皮外覆盖数百年香灰油渍，色黑似漆，亦为历史痕迹，竹尺可清也。

明末清初短短三五十年，
天下风云突变，
两大朝代更迭，
然而生活和炉坊延续，
工匠大部分健在，
铸造风格也没有立即发生大的变化。

因此，崇祯至康熙早期以前的，
明末清初之宣炉依旧具备明代风格，
是谓明式炉；
直到康熙中晚期以后，
清炉的时代风格才在经济恢复，
和社会整体审美的引导推动下逐渐形成，
过渡至清式炉。
如前所述，
这一点与黄花梨家具的形成及年代划分，
别无二致。

贻江堂主人款冲天耳炉

口径：十五 厘米
高度：六・八 厘米
重量：二二七二 克
款识：『贻江堂主人』五字篆书款
年份：明末清初

斯炉为博物馆旧藏，深栗壳色、清水薄锈，保存状态极佳；
炉身硕大，逐步由扁而宽，薄唇略有增厚趋势，短束颈、垂鼓腹；
双冲耳丰满，势外倾，耳洞半圆，
非清炉明显的高城门孔状，乃由明及清过渡期特征；
圆底缓平，出三短乳足，倒三角形，势外撇；
炉底中央浅开方框内浅刻款，布局疏朗有致，
结体长方、饱满，既有法度又不做作，字面、字口皆精修；
因世代玩炉者数百年添炭培灰、巾围帕裹、把玩摩挲，
炉内壁漆黑油亮，外壁包浆深沉厚润，完整统一。

纵观斯炉，造型、皮色、刻款、铜质等各方面特征，
皆彰显由明及清的时代属性，
既有晚明私款炉遗风，又有入清后的规制庄重，
不可多得，为明末清初文人定制之明式炉。
至于贻江堂主人究竟何人，
当于由明入清的文人雅士中求取，有待考证。

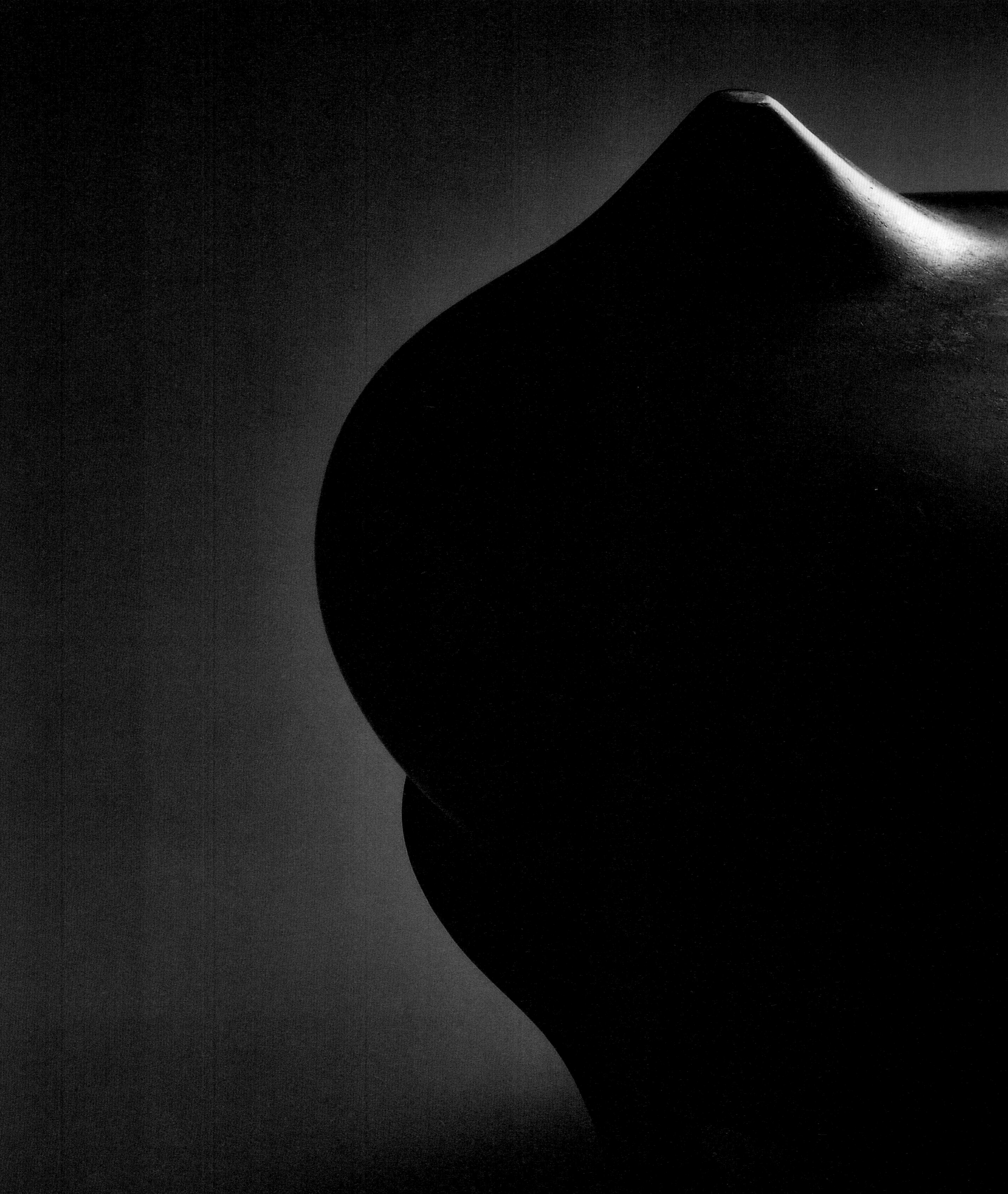

大明宣德年製

宣炉，
特别是冲天耳炉的年份早至晚在炉形上一大变化，
就是自扁宽逐渐硕高，
有随年份推进而隐然拉伸之势。

然中国地大物博，
炉坊各有特色，
北铸南铸亦有区别，
并不可一概而论，
如王世襄王老的『崇祯壬午冬月青来监造』
款洒金冲天耳炉，
既为明炉，亦非扁宽。

宣德六字款冲天耳炉

口径：十二 厘米

高度：六・三 厘米

重量：一二九八 克

款识：『大明宣德年制』六字楷书款

年份：明末清初

斯炉原生态原皮色，
为明末清初明式冲天耳炉正统器型。
形由扁宽向硕高稍有过渡，口薄而唯底逐渐加厚；
腹部由扁矮逐渐浑圆，
三足适中，与耳呼应，谐美之至；
蟹壳青皮壳宝光内蕴，
通体一色如烟岚暮霭，迷漫夕色；
铜质细腻密实，持之坠手、叩之悦耳，
余音悠长，甚是沁心；
底刻宣德六字楷书款，仍为晚明书风，
清隽秀丽，严合法度，足以证明炉审美未变也。

文人最心安处和最终的归途是自己的书房。
明清两代文人最大的人生追求当然是仕途上功成名就，
『致君尧舜上，再使风俗淳』；
若不能如此，至少也需『达则兼济天下、穷则独善其身』，
隐居于书房一隅，追求心灵的充实。
宣炉作为书房必备品、文房首器，与书房的关系天然紧密。
文人定制的宣炉私款，常见书房斋堂名入款，寄托理想和志向，
甚至直接以书房二字入款，表明宣炉书房良伴的定位，
后者最大的品类是『玉堂清玩』款系列。
这里玉堂就是书房的一个雅称，后续提及该款藏品时再详细论述。
和玉堂类似，书房的古代雅称还有桂宇和芸窗。
桂宇，指幽雅的屋宇，也可指月宫。
唐代王勃《山亭夜宴》诗：『桂宇幽襟积，松台凉夜永』；
明代皇甫 《广寒宫登眺》诗：『月临疑桂宇，露洒即铜台』。
芸窗，指书斋，出自唐代萧项《赠翁承赞漆林书堂诗》：
『却对芸窗勤苦处，举头全是锦为衣』；
明代高濂《玉簪记·命试》：
『绛桃春暖鱼龙变，向芸牕志绝韦编，功名一字总由天』。
桂宇与芸窗入款，所见各仅一炉，均为顶级明炉。
桂宇入款，即为山房所藏之『桂宇家藏』款冲天耳炉；
芸窗入款，为一『芸窗珍赏』款马槽炉，原藏苏州，今不知所踪矣。

浣竹主人藏明

桂宇家藏款冲天耳炉

口径：十一・六 厘米
高度：五 厘米
重量：一二五二 克
款识：『桂宇家藏』四字篆书款
年份：明晚期

斯炉为明晚期私款炉杰作，
文人定制甚至文人亲自参与制作之品。
器型类似于第九号冲天耳炉，薄唇矮身、双耳耸立、
扁腹宏阔、乳足小巧，炉底曲面优美，
开框落篆书款『桂宇家藏』，正表明此为文房首器；
款识精剔研磨，书体为世人皆喜之柳叶篆，
片片状如柳叶，笔画锋芒毕露，生机意趣盎然。
此款集中反映文人博古习文之雅好，
更视宣炉为传世之器，期望子孙永宝用之。
每日于桂宇内读书，焚香有益于理解及记忆，
再则振奋精神便于诵阅，
故有『红袖添香夜读书』之语，实为文人雅趣。

大明宣德年製

明炉款识中，
宣德楷书款相对最为常见，
也最为经典流行。

这其中又以底部开方框的
『大明宣德年制』六字款和『宣德年制』四字款最多。
事实上，这两类款炉大部分是同品质明炉，
未有本质区别；
有时或只是底部面积所限，
大则六字八字，小则四字二字。
今人高看六字款一眼，
或因书法美感和『字多者贵』的心理因素罢了。

宣德六字款冲天耳炉

口径：十·二厘米
高度：五·一厘米
重量：一三四八克
款识：『大明宣德年制』六字楷书款
年份：明末清初

斯炉圆口微侈，圆腹下三乳足凸起而立，造型周正圆浑，炉身宽扁渐增，口缘薄挺而炉底增厚，铜质金灿、密实沉坠，真如冒襄之语『如处子婴儿之肌肤』；叩之如磬，其声亮丽清正、回颤有韵，凡此铜者，必为明式好炉；器表皮色深沉红润，其泛牛肝红，光影沉着、柔美婉约；底部开框铸减地阳文『大明宣德年制』六字三行楷书款，款框方正、字形规矩，奏刀简约、笔力老到，仍是晚明风格。

斯炉可谓完美，尤以手头惊人，比超金银，非上手无以置信，为所见明式冲天耳炉之冠。

大明
宣德
年製

蚰龙耳炉

（〇九二至一三七）

蚰龙耳炉在《宣德彝器图谱》和《宣德鼎彝谱》均有记载，
认为此式炉『款制大雅，为诸炉之冠』。
蚰龙耳炉式样仿宋代定窑瓷器，
炉身造型可由宋瓷追溯到商周青铜器——簋，
圈足、耳曲弯如蚰蜒，故全称圈足簋式蚰龙耳炉。
该类炉形具潜龙之象，含韬晦之志，正如《易·系辞》云：
『尺蠖之屈，以求信也；龙蛇之蛰，以存身也。』
寓意人只有学会以退为进，懂得退步和忍让，才能有所成就。
因此，明清两代不论帝王、文人皆爱之。
传说宣德皇帝及群臣最为推崇此器，将其作为皇帝书房的御用炉品。

蚰龙耳炉简雅无双，是宣炉体系中和冲天耳炉并驾齐驱的一大最经典品类，
古往今来深受喜爱，不愧『宣炉之冠』美誉。

据传宣炉有一百一十七种图谱，《宣德鼎彝谱》等书所录的主流炉名多达二三十种，以炉耳为标准可分为冲天耳炉、蚰龙耳炉、桥耳炉、朝冠耳炉、戟耳炉、鱼耳炉、天鸡耳炉、天象耳炉等等。宣炉以商周青铜器及宋元名窑的经典器型为蓝本，造型自然高古典雅，纹饰简洁，多数没有花纹及繁缛之装饰。炉身多见簋、钵、鼎、鬲等简单式样，左右对称，腹部垂扁，整体重心居下，给人以端庄稳重之感。

蚰龙耳炉是宣炉审美的集大成之作。古往今来收藏蚰龙耳炉，追求简洁、优美、轻灵的炉形，以灯草口、外撇足，圈足厚实扁矮，炉耳有力平耸，炉壁向下逐渐增厚，重心自然下沉压手，口径和高度比例约二比一者，得到最多人的喜爱，也成为明式蚰龙耳炉的一大判定标准。当然，并非唯一标准。

宣德六字款蚰龙耳炉

口径：十二·八厘米

高度：六·四厘米

重量：一五八四克

款识：『大明宣德年制』六字楷书款

年份：明晚期

斯炉出自江苏户家，原生态，赭褐色原皮，浑身布满薄绿锈，古朴自然；平口微侈、薄唇如纸、蚰耳浑圆有力，身形扁垂下坠，飞边如弦外撇；圈足极矮，与口沿做法呼应；炉底打磨如镜，中央方框内减地阳文楷书『大明宣德年制』，字体规正、刚劲有力。

斯炉口径和高度比例恰好二比一，秀雅文气之极，诚明晚期蚰龙耳炉之大观也。

大明宣德年製

明嘉靖万历时期收藏鉴赏大家项元汴在《宣炉博论》中提到：

『吴下宣炉其款制，首尚乳炉、鱼耳、蚰耳，

以此三种皆庙堂文房之所御用也，款式典雅，朴素无文，置之几案，何妙如之。』

『吴下』即吴地，江南富庶之地，也是文人云集、宣炉流行之所。

清康熙十一年（一六七二年），

一位来自吴下浙江的张姓文人以其在京做官的俸银，

在北京和平门外琉璃厂西街开办了一家小型南纸店，取名『松竹斋』，

经营范围主要三部分：一是书画用纸及各种扇面、已装裱的喜寿屏联等等；

二是各种笔、墨、砚台、水盂、印泥、镇尺、笔架等文房用具；

三是代客订购书画篆刻家的作品而从中提成。

这间小小的『松竹斋』南纸店，就是后来大名鼎鼎的『荣宝斋』之前身，

驰名中外的老字号，迄今整整三百五十周年。

松竹斋款蚰龙耳炉

口径：十·二厘米
高度：五·一厘米
重量：一三一一克
款识：『松竹斋』三字篆书款
年份：明末清初

斯炉款识即为『松竹斋』三字繁方篆，作为文人斋室之名，整饬规矩、深合法度，浑朴蕴藉又颇具古韵，为晚明书法风格；茄色原皮，细糯水红铜兼遍泛红斑，则为康熙早期常用铜质特点；薄唇微敞、双耳平伸，束颈垂鼓腹，平底矮圈足，则为明式炉典型造型。

斯炉浑厚凝重，扁矮有力，极扁兼极重，手头为同类翘楚，深得醇和古雅沉稳之气，为私款明式炉精品。

从款识、书法、年份、工艺、手头、铜质、器型、气息等鉴赏，斯炉为典型明末清初苏铸，亦与『荣宝斋』的各类史料一一暗合，但是否此『松竹斋』即为彼『荣宝斋』？从谨慎和保守的考古学角度来说，只可说『很有可能』，但仍缺乏著录、产地等旁证，未为百分百定论。

我们说，宣炉考证属于考古学，考古学是一门科学，科学就需要严谨，不可只凭想象，不可『一款定所有』。毕竟宣炉历经数百年历史，同款号的明清文人大概率不止一人，除非尚有具体年份、著录、产地、流传等相关佐证，否则只能是『或为』此人之炉。那种同款即定为某位名人物品的所谓『考证』，实为穿凿附会、强行营销，细究则贻笑大方耳。

从目前的实物依据来看，
明代蚰龙耳炉至少有两种炉形：
一类是公认的扁矮明蚰，
一类则是较高身明蚰，
基本特点是炉身稍高一线，
圆肚、薄唇、压手，
台湾省的杨炳祯先生旧藏，
『崇祯乙亥云台主人制』款蚰龙耳炉即为代表，
而后者的艺术特点也更多被清式炉借鉴延续。

宣德六字款蚰龙耳炉

口径：十一・一 厘米
高度：五・五 厘米
重量：一一〇六 克
款识：『大明宣德年制』六字楷书款
年份：明晚期
出版：《辨物：崇祯时期的宣德炉》
　　第一一二至一一五页，
　　文物出版社，二〇一九年。

斯炉接近第二类明蚰，尺寸小巧、压手沉重，陈设把玩两相宜；
炉身微高，微侈口、平薄唇，颈略收、圆鼓腹，
双耳有力圆曲，平伸附于炉身，圈足与炉唇厚度契合；
鳝鱼黄原皮，铜质细糯润泽，口沿内壁打磨光滑；
底部亦镜面打磨，六字楷书款明风扑面。

斯炉原现拍场，杭州韦兄高价拍得，
极为珍爱，余百般索求多年方得割爱。
韦兄评斯炉，既兼文人炉之雅致，亦有官造炉之端庄。
韦兄，好古痴人耳。
瓷器文房，多有精研，
更兼秉性高洁、审美雅致、谈吐隽永。
每与韦兄相处，感其妙语连珠，如沐春风。
所谓人生好友，有趣有益难得兼而有之，足谓知音也。

大明宣德年製

款识是宣炉研藏中极重要的课题。炉之美在形而魂在款，宣炉如无款，如美人之无韵，好文之无题，山水之无灵秀。古人制炉，于形、于材、于工艺尚好说，无非多增金帛，多费气力，制作用心些便是。大抵一时代之产物，绝不会超越一时代，晚清就是晚清，明末就是明末，形材之上不会差太远。然而如一切从款识入眼，虽为同时代之宣炉，其风韵之高下，视云泥之别尤有不足。

古玩所玩为何？是人之爱好和天性的一种寄托，宣炉之款识即宣炉作为古玩的最大寄托，可化人生追求于方寸之间。宣炉诞生于明代并非偶然，明代文人更关注自己的内心，关注人的价值，寻求仕途之外的寄托。文人参与制作宣炉私款，无非是为了将自己的政治抱负、处事态度、堂名斋号刻上，以兹留念或自勉。细审那些饱含文人况味的款识，品味那些警句，典故之趣味，时刻提醒自己清明处事、洒脱为人，这是历代玩炉人的兴味所在。

古玩传承的不仅是物化之文化，也是一种生活理念，通过小小一款，能与古人暗合，岂非人生快事？这是文化最直接的传承。瓷器不过是山间矿土，书画不过是纸墨，铜器不过是几种寻常不过的金属，然而这些普通之物经过古人的匠心和时间的洗礼，在市场上动辄天价成交，人们买的并不是那些构成古玩的物理存在，而是在其中凝聚的精神力量和美学追求，这也是宣炉款识追求的至高境界——不在于独一无二而在于文脉、美学和理念的传承。

风雷隐藏款蚰龙耳炉

口径：十·一 厘米
高度：五·四 厘米
重量：一〇六五 克
款识：『风雷隐藏』四字楷书款
年份：明晚期
出版：《辨物：崇祯时期的宣德炉》第一七二至一七五页，文物出版社，二〇一九年。

斯炉至美，款识尤为精美独特、含义隽永。
『风雷隐藏』四字楷书款，字体深峻、立体感强，
款字表面齐平而微高于底；
此款非制者、藏者、斋号或纪年等信息而属警语，颇有韬晦之意。
《论语·乡党》：『迅雷风烈，必变。』
孔颖达疏：『此阴阳气激，为天之怒，故孔子必变容以敬之也。』
简单说，『风雷』是对王朝更迭之际时局巨变的隐喻，
『隐藏』可见主人的处世态度。
明晚期内忧外患，王朝的基业即将分崩离析，
中国文人把明朝的败亡看成是个人理想的失败，
大部分文人被强烈的负罪感和自责感折磨，
这种情绪使他们选择逃避现实、隐退避世，
又使相当一部分文人参与到文化艺术创作中去。
寄情于物的转变，为后世文人大量参与艺术品设计改良开启了先河。

斯炉江西所出，原生态，茄皮色原皮，零星带清水薄锈及红斑；
型制类上一炉，尺寸小巧，侈口平沿，
弧颈渐出鼓腹，微垂，至底出外撇圈足；
炉腹两侧置蚰龙耳，线条圆润有力，为整器添一分秀雅之姿；
炉膛精修，隐约可见旋纹坯痕，铸工精细。

『纸上风雷隐，炉中日月藏。』
中华文化于明亡清兴之际断崖式泯灭，
唯留手中小炉余温不减，传我华夏一丝文脉永存。

風雷隱藏

風雷

宣炉之美，款识之外就是皮色与宝光。

《宣炉博论》提到：『凡宣炉本色有三种，流金仙桃色，一也；秋葵花色，二也；栗壳色，三也。』

刘侗《帝京景物略》卷四云：『后人评宣炉色五等：栗色、茄皮色、棠梨色、褐色，而藏经纸色为最。』

较之于皮色，宣德炉绝妙之处是其光泽。项元汴认为，『宣炉之妙，在宝色内涵，珠光外现，澹澹穆穆，而玉毫金粟隐跃于肤里之间。』

冒襄《宣炉歌注》云：『宣炉最妙在色，其色内融，从黯淡中发奇光。』

这两处优美的文字所表达内容是一致的：

宣炉的美妙之处在于表皮与炉身的光芒交融而成一种独特的光泽感，『宝色在内，珠光在外』，极富神秘和安详色彩。

需要注意的是，由于是后加之物，

宣炉敷色会因年月过久、使用频繁等因素发生变色或脱落，并非永久不变。

比如故宫旧藏的数件宣德款实用器，经过长年的频繁使用，器表多留有烟渍，颜色灰暗，包浆过重，皮色斑驳。

相比之下，出于藏家之手的宣炉玩赏多于实用，日日轻抚摸搓，往往皮色璀璨，令人心生喜悦。

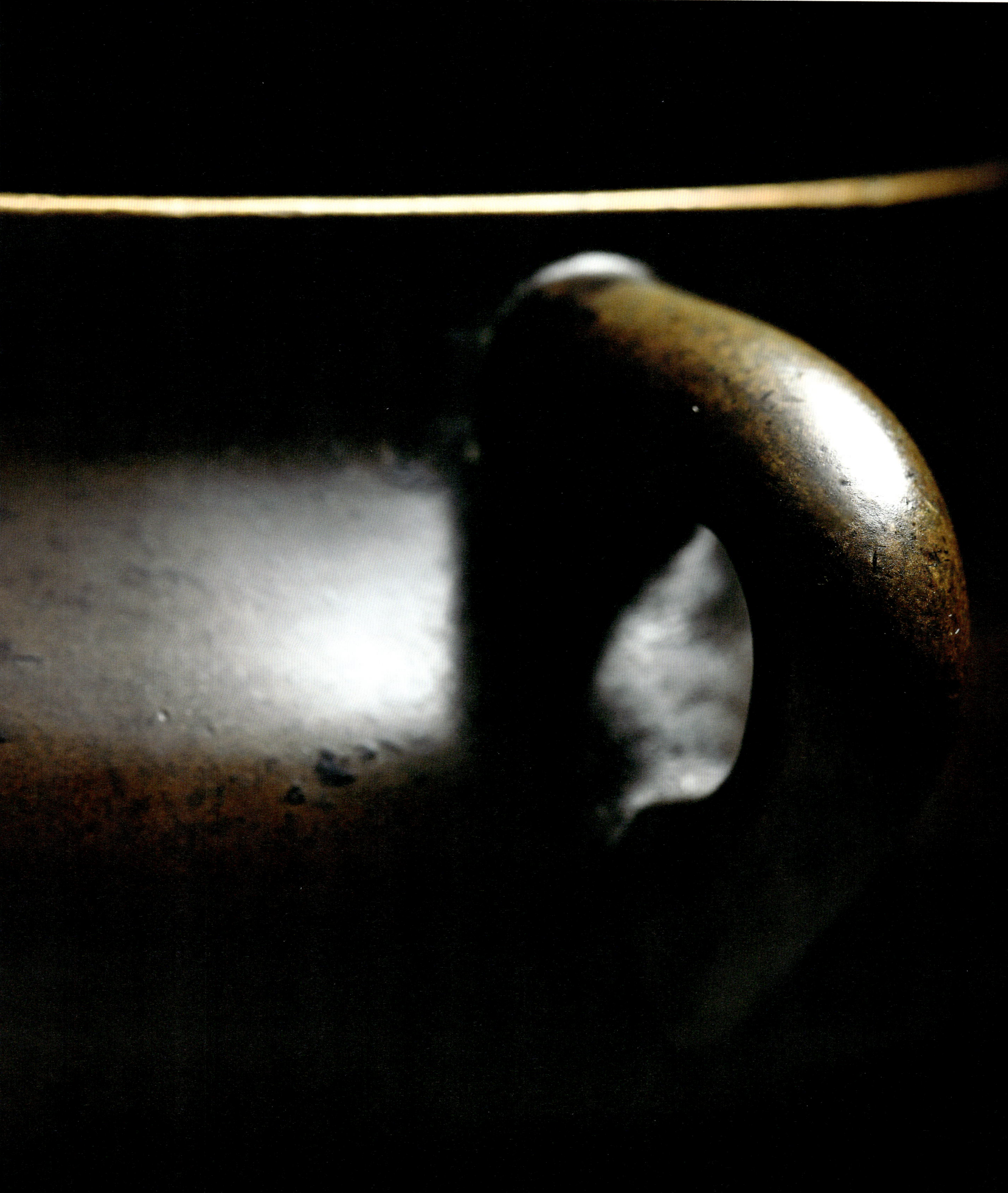

宣德六字款蚰龙耳炉

口径：十一·三厘米
高度：五·六厘米
重量：一三〇三克
款识：『大明宣德年制』六字楷书款
年份：明晚期

蚰龙耳炉和冲天耳炉堪为并驾齐驱的宣炉两大最经典品类，
但蚰龙耳炉的数量少于冲天耳炉，
十二厘米约四寸口径以下的明式蚰龙耳炉更为稀少。
斯炉原出自多年前福建拍场，因不足四寸口径，
加之属于标准的扁矮明蚰，各类指标更均为同类翘楚，
其时就备受追捧，创出天价，后辗转由福建入湖南再入广东，
终得入藏山房，日日把玩，未忍释手。

斯炉通体即呈标准的熟栗色，黑黄似成熟的板栗壳。
原包浆浑厚，精炼铜质柔绵如绒，
细密腻实，宝光四射，坠手不止；
薄唇、口微外侈，收颈、鼓腹下垂，
身形扁垂超二比一比例，线条饱满有力；
蚰耳浑圆肥美，不翘不垂，粗细适中富于变化又不失力度；
矮圈足与灯草口契合，底部镜面处理，
中央开框刻减地阳文六字楷书，字体潇洒飘逸，富晚明金石味。

如有真宣，当不出此蚰之范本也。

大明宣德年製

賞珍

浣竹主人藏明

宣炉研藏避不开一个话题，新炉。余过眼万炉、过手数千，自有鉴定的自信与本事，然新炉制作与时俱进，不上手、不细查、不探讨、不进步则谁都无法保证自己从不『吃药』。

今市场有三类新炉，第一类是圈内高手参与指导的以假乱真型，甚为可恶；第二类是现代机器粗制滥造的新工艺品，甚为粗鄙；第三类是研习古法手工铸造的仿古新工艺品，倒可满足普罗大众的家居需求。从某种角度来说，新炉制作工艺如能真正提高，真的研习传统宣炉制作工艺，踏踏实实做好宣炉仿古品，以当代艺术品出售而非『以假乱真』当老的出售，是宣炉艺术传承光大的一件好事。然而事实上，过往二三十年，个别『大师』鼓吹的仿古宣炉，均属第二类，从未以古法制作，只是翻模倒铸，照猫画虎。电解铜、化学皮、机器工，造型更是臆造，丑陋不堪。这些粗制滥造的工业垃圾，毫无艺术、收藏和经济价值。

三类新炉以外，还有一类有年份的舶来品，东亚和东南亚老铜炉和老的铜制品。概因中华文化博大精深，影响极广，宣炉文化也流传颇广，东亚和东南亚的中华文化圈几百年来均有宣炉制作。日本、韩国、越南是主力产出国，特别是日本老铜器，几已成为近十年来与新炉并驾齐驱的仿冒市场的主力产品。这类日本或东南亚铜器一般是仿古造型，熏炉或兽耳炉多见，少见经典器型；有几十年至百年历史，常做皮色；铜质为日本铜或者东南亚杂黄铜；一般无款或匠人款，偶有『大明宣德年制』六字楷书款和『宣德年制』四字篆书款——有款者尤常为不法商贩冒充国货，然此类款均为铸款，粗陋不堪，笔画模糊，实不值一哂。

宣德六字款蚰龙耳炉

口径：十三·二 厘米
高度：六·八 厘米
重量：一八六五 克
款识：『大明宣德年制』六字楷书款
年份：明晚期
出版：《大明宣德炉总论》第五十四页，巨光出版社，一九九六年。

如何避开新炉或舶来品陷阱？要么懂炉，要么识人。
也即或自身足以鉴定，或有专业且可靠朋友掌眼，
或选择来源有序、大家旧藏的宣炉。

斯炉即为名家旧藏，
为陈庆鸿先生《大明宣德炉总论》中最佳炉之一。
斯炉为明蚰标准器，敞口鼓腹、束颈圈足，
双耳出颈曲折下收于腹部，
浑厚有力，粗细富于变化，转角圆润；
炉身线条流畅柔美，结构稳当，
整体有一种黄金分割之美，诠释了宣炉的器形特点，
予人以稳重大气刚劲之感；
铜质极佳，分量沉重坠手，叩之余音悠长；
蜡茶色皮壳润泽，精光内敛；
底款为铸后使刀精修，款字结体苍秀，
深得金石韵味，有高逸之风。

大明宣德年製

宣炉诞生于明中晚期，
随后便是江河日下的王朝末年、
跌宕起伏的改朝换代，
百废俱兴的新朝再立，
铜作为国家重要的战略物资和货币资产，
使用受到严格的限制，崇祯朝、康熙朝、
雍正朝都出台过『禁铜令』，
禁止制作过大的铜器，避免资源的浪费。

因此，除却三寸文房炉的审美和价值体系自成一体以外，
常见尺寸的宣炉，特别是明式炉，
同样年份、同样品质的越大越重越罕有，价值亦越高。
简单可以说，两斤的宣炉相对常见，
三斤以上就数量锐减，四斤更稀少，
五斤及以上则稀上加稀了。
当然，这里的宣炉指的是值得收藏的年份与品质兼具的炉。
乾隆嘉庆国力强盛后大炉相对多见，
至于清中晚期、民国及当代粗制滥造的大炉，
更是完全不具收藏价值，不在此列。

宣德六字款蚰龙耳炉

口径：十七 厘米
高度：八·五 厘米
重量：二七二九 克
款识：『大明宣德年制』六字楷书款
年份：明中晚期

斯炉巨硕却不臃肿，端正霸气然文气实足。
炉体扁圆宏阔、沉重压手，铜质精炼、宝光暗隐；
口沿极薄，见内倾之势，边缘锐利、微外侈；
凹颈垂鼓腹，圈足矮亦微撇；
颈腹间塑双蚰耳，洗练精神，由上至下呈现粗、细、粗变化，
耳部上端平而挺括、下弯流畅；
内膛可见跳刀痕和隐约旋纹；
炉身黑漆古皮色难得均匀完整，数百年养护得法，
现玻璃光蜡皮，极为罕见；
炉底中央开框方正，内刻宣德六字款，
地子见剔刻痕迹，清晰规整、舒朗大气，
追膜文人治印之金石风。

斯炉时代风貌显见，魏巍重器，
非堂堂大明国力雄厚时不能制也。

大明宣德年製

如意耳炉与戟耳筒炉是极具研究价值和探寻空间的
两大经典明式炉品类，此两类炉的共同特点是：
数量稀少、品质突出、年份较早，
存在时间亦较短——大约只在明晚至清早短短一百年间流行。
清中期之后，或掌握此铸造工艺的炉坊倒闭，
工艺失传或审美突变，几乎再没有出现过，
偶现也仅是器形改变的粗劣仿品。

如意耳炉全称应是圈足簋式如意耳炉，
和同为圈足簋式的蚰龙耳炉在外观上非常相似，
最大的区别在于耳朵造型。
事实上，如意耳炉还有一大特色，
即圈足内侧和底部的交接处，几乎百分百有起台工艺，
而在其他圈足簋式炉上，这种做法非常罕见，
仅个别的蚰龙耳炉上出现过。

如意耳炉的耳朵造型亦并非一成不变，而是时有变化，
从繁复到简约、从雄壮到柔美，均有出现；
其炉身造型亦类同蚰龙耳炉的发展轨迹，
有随年代从扁矮逐渐过渡到高阔的趋势。

宣德六字款如意耳炉

口径：十五 厘米
高度：六・七 厘米
重量：二二三五 克
款识：『大明宣德年制』六字楷书款
年份：明中晚期

斯炉原状未清，表皮数百年尘垢难掩水红铜质至纯至美，
状态同上一明蚰甚为类似，且均为黑漆古原皮；
炉身极为扁矮，口径与高度比甚至远超二比一，
大气端庄，厚重压手；
炉口甚薄，内外无沿，颈部缓收，线条弧圆，丰腴肥硕，足部平收；
足圈矮平，内外有弦纹，圈内又起一台阶；
圈足内侧起台的工艺，是如意耳炉一大特征。

斯炉如意耳工艺和造型最富特色，耳顶巧饰如意纹，
耳垂卷起做云龙纹，双耳雄健有力，平伸微耸，
犹将军盔甲飞檐，力度凸显；
周身再无修饰，内膛亦粗犷不修，尽得明炉审美之大道。

如意耳炉为少见之品，体量如此巨大者更罕见，
巨大又得形如此之飞扬雄跃者，唯斯炉耳。
斯炉本出自苏州，以其威武霸气，
别号『霸王』，实乃明炉佳器之本宗，世间难得一见。

大明
宣德
年製

赏珍

鬲炉

（一三八至一五九）

鬲炉乃宣炉一大品类，又称素圆鼎，以其为三代青铜器中素鼎之变形。
在传世宣炉中，鬲炉横跨时间久、数量多，历代均有佳作，
与冲天耳炉、蚰龙耳炉成三足鼎立之势，合谓宣炉三大最主流经典器型。

鬲炉以其简洁圆润的造型受到明清文人喜好，
无论在庙堂礼器抑或文房清供中均有不可取代的地位。
《沈氏宣炉小志》载：『仿古鼎式，唯以圆且素者，堪入上赏。』
《大明宣德炉总论》称其『易达庄严肃穆之气氛，后世因深喜，仿作亦多。』
时至今日，论及明式炉之经典器型传世数量，鬲炉可谓最多，冲天耳炉、蚰龙耳炉、
兽耳各炉次之，再次为压经炉、桥耳炉，马槽炉、如意耳炉、戟耳筒炉相当罕见，
素钵炉、素筒炉则更是珍稀，至于其他各类花式炉则出现时间均晚，
为乾隆朝开此浮华之风，集中在清中期及以后。

明式鬲炉大量存在的原因，盖因当时审美高度认可、市场需求量大、
工艺相对简单、铸造技术成熟、流传时间跨度长。
在器型上，鬲炉大小皆有，唇沿厚薄和身形高矮是其年份的一个鉴定标志。
明式鬲炉有薄唇和厚薄均匀两类，清炉则口唇沿逐渐增厚；
明式鬲炉多扁矮文雅，清炉则逐渐高壮霸气。
此等审美变化，不离社会嬗变之大宗也。

玉堂清玩是宣炉中一款数量不少，值得研究的款识，
亦可算是最著名的商品类私款，
类似的分支还有玉堂珍玩、玉堂珍赏、玉堂清赏等等。

王世襄王老《自珍集》中辑录一座玉堂清玩款大鬲炉，
王老称：『李卿丈所赐十炉，皆其铭心之物，而对此鬲更视为重器。
造型之硕大浑厚，色质之静穆精纯，诚属仅见。』
王老亦曾言：『玉堂款炉，传世颇多，品格高下，大有差异，
定有真伪之别。其真者何人所造，尚待考。』
邵茗生《宣炉汇释》谓铸者为严分宜，未能提出确证，难置信。
民国赵汝珍编撰的《古玩指南》里曾说：
『玉堂清玩』款传为严嵩之子严东楼字号，
『玉堂清玩』铜器是严氏之炉，皆为劫取宣炉之无款者，
充为己有，非其所制，因其较为珍贵而后仿甚多。

事实上，作为古玩商的赵汝珍对宣炉并无过多过深的研究，
所提不足为据，只因其他历史考证资料的欠缺，
其观点影响了百来年的藏炉人。
这里提供一种更切实的观点：

玉堂是一个传统词汇，含义不外乎宫殿、居所、官署。
作为炉款，最可能的所指，
应该是文人最为向往的翰林院的代指或文人修身养性、
神游其中的书房的泛指，与前文提及的『桂宇』『芸窗』一个意义。

汉侍中有玉堂署，宋以后翰林院亦称玉堂。
《汉书·李寻传》：『过随众贤待诏，食太官，衣御府，
久污玉堂之署。』颜师古注：『玉堂殿在未央宫。』
王先谦补注引何焯曰：『汉时待诏于玉堂殿，唐时待诏于翰林院，
至宋以后，翰林遂并蒙玉堂之号。』
通俗小说《儿女英雄传》第一回：
『至于那入金马，登玉堂，是少年朋友的事业，我过了景了。』

文人不可一日不读书，不可一日不入书房，
故而此类『玉堂清玩』款识的宣炉得到最多文人的喜爱，
炉坊也当成名牌产品批次量产，形成了宣德款以外的一大流派，
其本质上和固化的各类其他商品款没有区别，
其衍生出来的珍玩、珍赏、清赏等等，都是同一大范畴。

玉堂清玩款鬲炉

口径：十四·八厘米
高度：六·九厘米
重量：二四三二克
款识：『玉堂清玩』四字篆书款
年份：清早期

斯炉与王老藏大鬲炉造型类似，或为一坊所出。
『玉堂清玩』四字方篆款，
铸后精修、细致入微，实为同类罕见；
平口起线、凹颈双旋、精准平行；
腹圆柔美、口唇增厚，已有盛世景象；
三足鼎立、足底飞边，器型亦有清代拉高跃升之势；
出炉之时原有人工做色之全身朱砂斑原皮，
经数百年岁月磨砺已成斑驳，
近抚嫩滑、远观烟霞。
如此稳重大器，已非寻常官绅所能用，或为官造之物。

大明
宣德
年製

明晚期、明中晚期乃至可能的更早以前的宣炉断代，
一直是业界探讨的热门话题和研究的空白地带，
各种说法很难得到一致认可，
大部分停留在主观和感性认识阶段。

可达成的共识是，大体来说，
因为国力和审美的差异，
明中晚期乃至更早以前的宣炉更加厚重恢弘、
造型丰满、富有力度、铜质精良、不饰内膛。
一言以蔽之，比崇祯朝的明晚期宣炉更加厚重，
比康熙朝的清早期宣炉更加古拙。

宣德六字款鬲炉

口径：十三·六 厘米
高度：五·八 厘米
重量：一七八〇 克
款识：『大明宣德年制』六字楷书款
年份：明中晚期

斯炉典型明中晚期宣炉，弧壁鼓腹浑圆，造型沉厚庄严、敦实古雅，内膛麻沙质感，尺寸虽非巨大然手头极重，远超明晚期同口径鬲炉；蟹壳青皮色，宝光内敛，铜质密实精纯，光中蕴赤，为明中晚期之红黄混合铜；炉底正中开方框手刻款识，刀法利落，字形古雅，极具金石古韵。

斯炉置于掌上坠重若金，以指试弹，声如黄钟大吕，回音不绝。

篆书款是宣炉款识的一大类，仅次于楷书款，铁线篆款又是篆书款的一大类，常见经典宣炉器型除兽耳炉外，冲天耳炉、蚰龙耳炉、鬲炉、压经炉、桥耳炉、马槽炉等皆常见各类铁线篆款。整体特征是厚重端庄，常出大器，偶有二三寸掌上小炉。

铁线篆款在清代康熙、雍正、乾隆时期的宣炉上最常见到，因此曾有观点认为铁线篆款炉的年份局限于此。事实上，铁线篆早至明晚期有之，晚至清中晚亦有之，区别在于刻工高下和流行程度罢了。

铁线篆的宣德款中，『宣德年制』四字款最多，其次是『宣德』二字款和『宣德年』三字款，未见宣德六字款。一般大炉款多三字、四字，小炉款多二字，盖受限于刻款可用面积大小。几类款炉年份相差不大，有观点以二、三字款者年份稍晚，可谓一家之言。

当下炉界有观点倾向于定此类炉为官造器物，以其工艺精湛、制式标准、皮色完美、大器居多且批量制造，非巨资投入不能为也。然如前所言，铁线篆并非清三代独有，亦无官方铸造记录，一见此款即定三代炉乃至官造炉者，未免草率，谨慎定为大作坊出品，则不至有误；另一观点起于台湾省炉界，将此类炉红皮重器者定为明中期器物，或有正德款者即定为正德本朝，更无依据，笑谈尔。

清玩家藏款鬲炉

口径：十一·五厘米
高度：四·七厘米
重量：九五五克
款识：『清玩家藏』四字篆书款
年份：明晚期

斯炉即为明晚期铁线篆款宣炉代表，出自福建福清户家。

原生态、薄绿绣，口沿锐薄颇有特色；款识规矩有度，劲挺深峻，篆刻功力不凡。乡间小贩不识篆书，以之为『宣德年制』，送至山房余乃辨出『清玩家藏』四字，忆起杨炳祯先生《金玉青烟》一书中，一款明晚期冲天耳大炉为同样款识，应是同一炉坊同一批次定制数品，遂欣然纳之。

大明
宣德
年製

作为传世数量最多的明式炉，
明式鬲炉主要款识为宣德楷书款，
分为宣德六字楷书款和宣德四字楷书款两大类。

大鬲炉多六字款，
小鬲炉多四字款，
盖主要受限于底部面积大小。
从感性和经验上来讲，
六字款明式鬲炉数量又要少于四字款，
平均书法水准似也高出一筹。

宣德六字款鬲炉

口径：十八·五厘米
高度：六·六厘米
重量：三一三〇克
款识：『大明宣德年制』六字楷书款
年份：明晚期

斯炉为明鬲重器之标杆，可夺花魁。

健硕厚重、霸气十足，巍巍气场堪称无二。

斯炉圆口、短颈、平折沿、扁鼓腹、巨象足，束颈部立体弦纹，内膛三范合一；

体形硕大，较一般同口径六寸大鬲更为宽扁厚重，口径与高度之比高达三比一，重量更比寻常五斤者超出斤余，无出其右者。

值得一提的是，斯炉通体罕见『大红袍』原皮，如同坚实的保护膜包裹铜质，保证不与空气接触，既美观夺目，又不易生锈或有铜器病之虞。

大明宣德年製

压经炉
（一六〇至一七九）

压经炉，又称押经炉，其器型有高足、低足之分，

耳有方耳、圆耳之分，特点是三足和錾耳。

据记载，此类铜炉

『照宋定窑高脚压经炉款式及照元朝枢府窑低脚压经炉款式』铸成，

可知其为仿前代瓷炉而做。

《宣德彝器图谱》中所载之压经炉，

传皆置于各地释道二教的寺观中为宗教供器，

故有『压经』之名；

《沈氏宣炉小志》释：

『名不可考，式扁浅，两耳有圈，三足列棋子状，可置佛经上，故称压经。』

这里指的应是低足或曰棋足压经炉，

所见均为清早期之后的一类文房小炉。

存养款压经炉

口径：十二・四 厘米
高度：六・八 厘米
重量：一四二四 克
款识：『存养』二字篆书款
年份：清早期

斯炉为高足圆耳压经炉，造型规整、线条简洁、皮色夺目；叩之则发声激越，颤音悠长，入手则可感其沉重厚实、用料精良。斯炉入藏山房时久经沧桑，原生态炉身布满污垢，清理后露出完好无损之『大红袍』原始皮色，喜出望外，为藏炉之乐也。

斯炉款识独特，为古时文人喜用之儒家经典用语，刻之以自勉。存养即『存心养性』之省略，意为保存本心、培养善性，是儒家崇尚的修身养性、玉成君子的方法。《孟子》提及『存其心，养其性』；朱熹在《答何叔京书》说：『二先生拈出敬之一字，真圣学之纲领，存养之要法。』陆游有《存养堂为汪叔潜作》诗：『三旌五鼎俱妄想，致一工夫在存养』；清代《格言联璧》一书中更指出，君子『存养宜冲粹，近春温；省察宜谨严，近秋肃。』也就是说，君子存心养性的功夫，要像春天一般温和；省察自己的缺失，要像秋天般肃穆。昔年置斯炉与当今藏斯炉者，均当有此境界与格局也。

宣炉语境上的清早期，大约指的是康熙中晚期及雍正、乾隆三代，
这是宣炉风格从明式逐渐转为清式的时期。
康熙晚期以后，清代元素逐渐占据了宣炉审美和制作的主流，
清式炉诞生了。
如前所述，这和明式家具向清式家具的转变，步调十分一致。

明式炉，余个人倾向年份划分为从明中晚到康熙早期这一段时期，
毕竟如前所言，明末到清初，明炉风格有很好的延续和传承。
一个作坊或一个制炉师傅，从崇祯到康熙，
几十年的风格变化会很小，尤其是目前见到不少康熙早期的宣炉，
用料奢侈、做工精美、明风显著，
证明了康熙早期是明式炉制作的一个非常繁盛的时期。

至于清式炉，应在康熙中晚期逐渐形成，
这时期开始既有明式风格，
同时逐渐起变化，融入清代自身的文化和审美特色；
至乾隆时期，清式炉已成为完全的主流了。
这段时期工艺精湛的宣炉佳作很多，
只是灵气、率性、简洁、自在之气相对明式炉少了很多，
细节工艺上的区别也日渐明显。
苛刻一点说，乾隆后期，
宣炉诞生和宣炉本源的那类自省和含蓄的文人审美已经遗落，
被新的富足繁华的官绅审美所取代。
至于清中晚期，宣炉制作日渐衰败，
还是那句：不在收藏和讨论范围之内了。

松月侣款压经炉

口径：十·一厘米
高度：五·五厘米
重量：炉重九三二克　座重七一五克
款识：『松月侣』三字篆书款
年份：清早期

斯炉为清早期宣炉精品，大约的年份在乾隆早期以前。
炉口微侈缓慢向炉内沿展，束颈鼓腹，底承三乳足；
炉身两侧置錾耳，耳形主圆无折角，
耳錾上端有饰翘角，精巧别致；
炉身随自身曲线收聚成三足，线条曲度有法、简洁流畅，
似将精气收敛凝聚于炉中。

宣炉原出坊时，或有盖或有座，数百年流传间百不存一，
目前偶见有盖座者，多为后配之物。
斯炉难得原配佳座，严丝合缝、皮色一致，
均为猪肝红色，雪花金含蕴于内，隐约闪现，莹润光亮。

斯炉炉底錾刻『松月侣』篆书款，刀工娴熟，结字秀美端庄。
『松月侣』乃经典商品类私款，此款可谓同类顶级，
显示文人悠游于松风、明月与琴棋书画之风雅。
明清两代，香炉乃文人家居必备之器具，
焚香除了礼佛敬祖外更是彰显生活品质。
在文人的燕居生活中，赏玩炉器及品评香茗，皆为雅事。
松涛阵阵，皓月清宵，香烟隐隐绕帘，更是浪漫情趣的构成元素。

皆吉氏识款压经炉

口径：十厘米
高度：四·五厘米
重量：九一六克
款识：『皆吉氏识』四字篆书款
年份：明末清初

斯炉小巧可爱，工艺极精且铜质极纯，配以数百年红斑，尽显岁月之美。
斯炉可资研究之处甚多，在型、在款、在年份。

斯炉炉形罕见，可谓压经炉形极简极美之典范。
炉身超出常规之矮扁，腹部急急下坠，小器大样、不输鼎彝；
内膛精修、旋纹细密，再施以黑色大漆，黑亮如镜，可为制作工艺教科书；
双耳造型尤为迥异同类，平齐口沿，尾部突凹，尽显力与美。
此耳之压经炉，斯炉外余仅见五座且均为私款炉：
一为王世襄王老所藏之『眉溪珍玩』，
二为顺德郭氏经手之『岐山草堂』，
三为保利香港过往拍卖之『雅适园藏』，
四为杨炳祯先生所藏之『玉堂清玩』；
五为上海匡时过往拍卖之『施家古制』。

斯炉款识特别。
前三字『皆吉氏』应非字面上显示的姓皆之人号吉氏。
《金玉青烟》著录的『康熙壬申年吉氏宝珍』款蚰龙耳炉，
民间一『六吉氏藏』款蚰龙耳炉，均为类似表述，
推测应是当时炉坊应邀刻上的对藏者的通行祝福语：
吉祥之人定制斯炉；
第四字『识』，罕见于炉款，余至今另过眼三炉，
炉款最后为此字，皆为崇祯纪年款，一冲天耳炉，
一天鸡耳炉，一鬲炉，推测应是『藏者标记』之意，
即藏炉之人的私人印记，
大致用法亦类似于『藏』『置』『赏』等等炉款结束语。

斯炉年份极佳，卓然众压经炉。
压经炉集中出现在清三代，
斯炉年份公认是最好的一类，争议是入不入明。
认为斯炉入明的观点，
判定此类压经炉是蚰龙耳炉的一种变化，
是蚰龙耳炉向压经炉过渡的产品，其耳更类蚰龙耳，
仅是蚰龙耳炉圈足变化为三乳足
——实物中已见圈足压经炉和三乳足蚰龙耳炉，可为旁证；
同时，款识书写习惯和布局亦是明晚期炉款风格，
崇祯纪年款三炉可为旁证；
尤为重要的一个佐证，
王老在《自珍集》中明确将其『眉溪珍玩』款压经炉确定为明炉。
认为斯炉不入明的观点，则是从铜质、口沿、乳足等的考量，
倾向于康熙朝早期制品。

事实上，藏炉可追求年份，
但并非必须精确至某朝某代甚至某年某月。
比如明末清初短短几十年，很多炉坊一脉相承，
甚至同一师傅不辍制炉，风格统一。
除非是纪年款和可考证的私款，否则很难有确定年份的定论，
也不必纠结一个定论——年份好即可。
谨慎起见，斯炉定为明末清初的明式炉，应是底线共识。

斯炉得自沪上藏炉大家陈维骏先生，宝岛人士旅居上海，
实力雄厚，藏炉多且精，审美高且雅，
更得前贤杨炳祯先生一批好炉传承，堪为新一代藏炉大家。

習古
氏藏

兽耳炉
（一八〇至二〇一）

宣炉品类中最为经典和流行的，

除了冲天耳炉、蚰龙耳炉和鬲炉以外，应当就是兽耳炉。

严格来讲，兽耳炉并非一个单一品类，

而是各类以瑞兽为耳的宣炉之统称：

龙耳炉、狮耳炉、狻猊耳炉、天鸡耳炉、天象耳炉、鱼耳炉等等，

品目繁多、不一而足，特别是到了清代，

千奇百怪的各类兽耳尤其多，

很多并非现实中某种动物，只可以瑞兽统称之。

宣德四字款狻猊耳炉

口径：十・一 厘米
高度：五・四 厘米
重量：七〇二 克
款识：『宣德年制』四字楷书款
年份：清早期

斯炉清早期，炉形雅致、气韵清高，矮身薄壁、短颈鼓腹，
鳝鱼黄色、通体润朗，为传统宣炉之美色；
炉身上下两道莲瓣纹，圈足饰回字纹，腹部两侧对称置狻猊耳；
圈足内侧与底部起台过渡，底部中间开框，
铸后精修『宣德年制』四字，典型清早期笔锋。

斯炉带莲瓣纹、回字纹及狻猊耳，
三者皆为佛教之物，立觉禅意顿生。
狻猊为神话中龙生九子之一，形如狮，
某些古籍中直接将狻猊作为狮子的别称。
古书记载，狻猊能食虎豹，率百兽，
其喜烟好坐，佛祖收为坐骑，
故形象常现于香炉上或直接代指镂成狮子状的香炉，吞烟吐雾。
《尔雅・释兽》：『狻猊如虦猫，食虎豹。』，
郭璞注：『即师子也，出西域。』，
蒲松龄《聊斋志异・象》：『少时，有狻猊来，众象皆伏。』
吕湛恩注引《香谱》曾说：『香炉以涂金为狻猊之状，
空其中以燃香，使香自口出。』

宣德年製

大明
宣德
年製

天鸡耳炉是兽耳炉一大品类，各类炉形皆有，
尤以锦边天鸡耳炉最为常见，
法盏式、圈足簋式、三元筒式带天鸡耳亦有。
天鸡在南朝任昉《述异记》中有描述：
『东南有桃都山，上有大树……上有天鸡，
日初出，照此木，天鸡则鸣，天下鸡皆随之鸣。』
据古文记载，天鸡神鸟，食火，最适为炉耳。
天鸡耳炉古时多用以熏衣香肤、
避移驱邪、拜神祭月所用；
《宣德彝器图谱》中指皇后、嫔妃、
公主宫殿中，皆置此炉。

据《沈氏宣炉小志》之《筒炉》篇：
『筒炉分上中下三节，两天鸡衔环为耳，
俗称三元或称三思，又有纯素无耳无节者，均鲜美矣。』
又考《宣德彝器图谱》卷十六所附绘图，
可知此类三弦筒形的兽首衔环炉，
彼时即称三元太极炉。
此『三元太极』的称谓当与道家思想有关，
道家认为宇宙万物皆由『天地人』三元构成，
三元合一即人与自然的统一和谐。

宣德六字款天鸡耳三元筒炉

口径：十三·五厘米
高度：十·五厘米
重量：一九六五克
款识：『大明宣德年制』六字楷书款
年份：明晚期

斯炉为三元筒炉至大者。古拙大方，绿锈斑驳；直腹平底，炉身自口至底分设三道圆环，炉肩凸天鸡耳，眉目狰狞，卷羽绕颈，气势夺人。斯炉尤为珍贵的是天鸡耳，及宣德六字刻款均有残存鎏金痕迹，为明晚期局部鎏金的时代特色；原天鸡耳应有衔环，后缺失，炉身尚有环型旧印，念念不忘矣。

宣德六字款天鸡耳炉

口径：十二·八厘米
高度：七·六厘米
重量：一七八二克
款识：『大明宣德年制』六字楷书款
年份：明晚期

天鸡耳炉中以圈足簋式、简洁无纹的素天鸡耳炉较少见，且受最多人喜爱，虽然明清两代皆有此品类，入明之炉实则罕见。

斯炉即为圈足簋式之素天鸡耳明炉之代表，类似造型、相同年份的仅见首都博物馆馆藏之『崇祯元年制于燕邸碧玉堂识』款天鸡耳炉。

斯炉侈口束颈，浑圆鼓腹，薄口矮足，重心集于下半部，沉坠感极强，为晚明典型制法；线条饱满流畅，造型典雅端庄，器壁薄而不轻；炉身两侧饰高浮雕天鸡耳，毛发细密卷曲呈螺髻状，层次分明有序，额头高高隆起，双眉宽厚作卷云状弓形，双目圆睁，神采奕奕；底落手刻『大明宣德年制』款，运刀如笔严谨古朴，似拙实巧，为晚明盛行金石风。

斯炉熟栗色原皮，项子京在《宣炉博论》中对色推崇备至，引为上品，赞其为不让三代汉魏古器之色的经典；尤为惊喜的是，通体无饰却在天鸡耳及款识上着意浓厚鎏金，一点灿烂金色与大片深沉皮色鲜明对应，贵气与雅气并存，晚明文人多金巧思也。

大明宣德年製

大明宣德年製

赏珍

浣竹主人藏明清铜炉铜文房

狻猊耳炉或曰狮耳炉五斤以上大器相对不稀，
然清中期器居多，
沈度款或吴邦佐款居多；
大器兼年份明确入明者罕见，
其中圈足簋式大器入明者尤为稀少。

宣德六字款狻猊耳炉

口径：十六 厘米
高度：七·三 厘米
重量：二五三〇 克
款识：『大明宣德年制』六字楷书款
年份：明中晚期

斯炉体形硕大、威武霸气，可谓『明狮大器之冠』。
薄口锐利、炉腹圆浑，左右怒目狻猊做耳，
以高浮雕雕铸，骨骼肌肉凸起高耸，
表现出强烈的力量与质感；
颈部箍收、阔鼻大口，怒目獠牙、威猛异常，
可谓斯炉极大亮点。

斯炉宽厚平扁，素器全以线条取胜；
蟹壳青皮色，古香古色，兼以香炭温养、宝光莹润；
铜质黄亮，手感沉重，轻扣音色悠长清亮；
底款宣德六字楷书款，铸后精修、大气规整；
内膛不事精修，别有恢弘大气，尽显明中晚期雄豪之风。

大明宣德年製

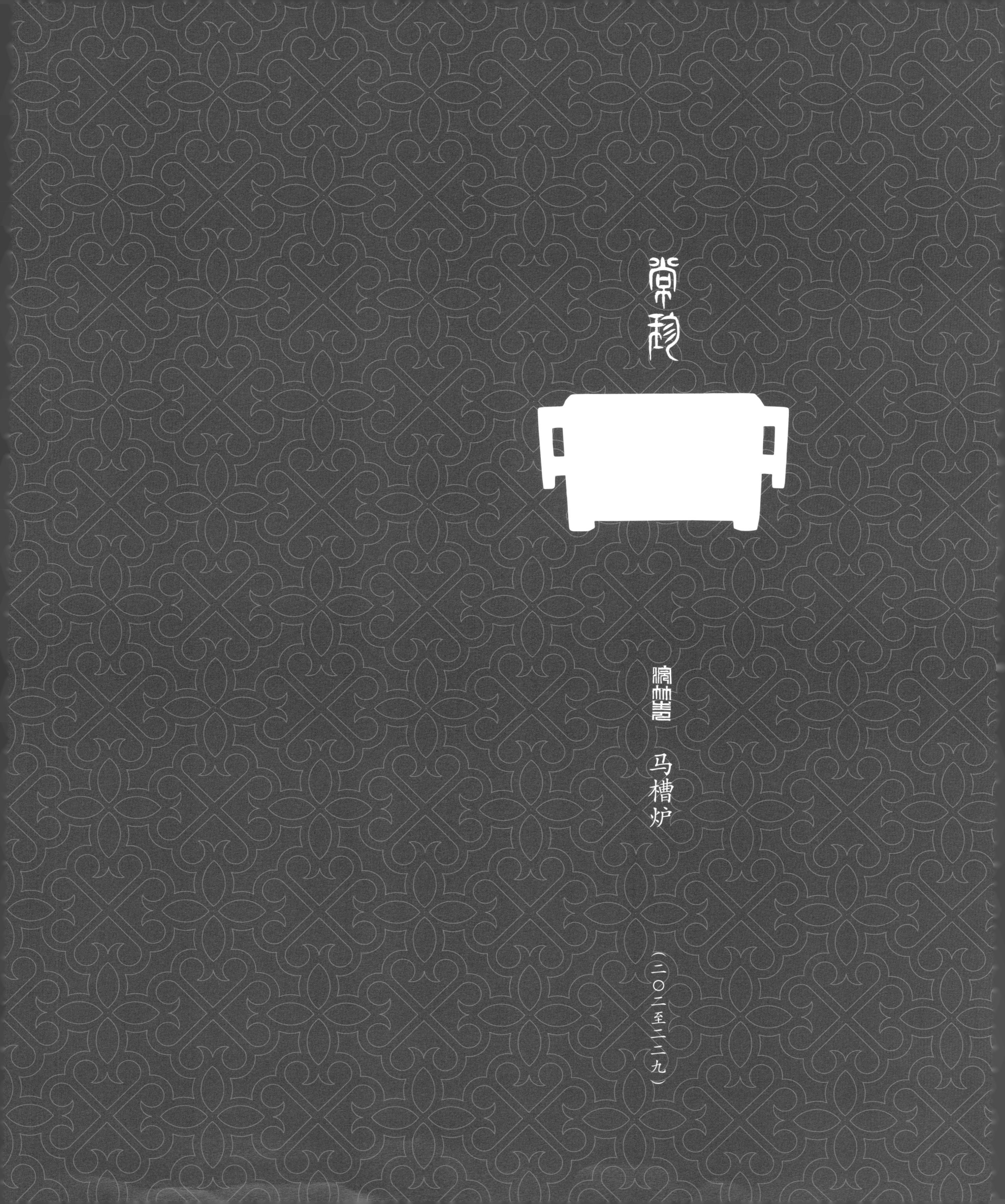
马槽炉
（二〇二至二二九）

『天圆地方』是古人的宇宙概念，祭天当用圆形香炉，祭地则用方形香炉。四方形的宣炉多为仿造三代青铜鼎而作，而传世的方炉中，最别具一格、最受人喜爱的当属马槽炉。

马槽炉是俗称，因长方斗状故名，古籍中未见此称，杨炳祯先生《金玉青烟》谓之『戟耳长方炉』，或为戟耳炉之变体。马槽本为日常生活之俗物，因明末文人追求返璞归真的人生境界，赋予此型制宣炉大俗即大雅之妙，别出心裁兼有方正耿直之意，历来为文人所推崇。

马槽炉铸造上难度较大，且对铸造所用之铜，较之其他型制要求更多精炼，盖因宣炉一体铸成，方身方耳直线之铸需要铜水流动性极佳，若杂质多者不易成功。铜质之精，可想而知。

马槽炉历来被认为是方正之器，除作礼器外备受文人推崇，多作文房清供。所谓正仪之器，当为君子之求。其中精工者耗费颇奢，只堪官宦富贵人家定造，故有『马槽多私款，私款多佳器』之说。

叶氏清玩款马槽炉

长度：八·二厘米
宽度：六·一厘米
高度：五·三厘米
重量：八九二克
款识：『叶氏清玩』四字篆书款
年份：清早期

上品马槽炉常见数据大多集中在小者长度九厘米二斤多，大者长度十·五厘米三斤多两类，斯炉尺寸不同寻常，尤为小巧轻盈，颇为少见。

斯炉为清早期马槽炉精品，成品不应晚于乾隆早期。用铜精纯，持之坠手，扣之清越；赭褐色原皮，细赏可见金辉似雪花点洒，有莹莹之质；型制周正，直口平沿，器壁略厚，直腹斜下微收，至底出四枚方足；两侧铸一对戟耳，转角颇利落，附于炉壁上而无漫逸之态，为整器增素雅刚直之气；炉腹内膛修磨规整，四壁常年烟熏形成黑漆古；外底正中开框落『叶氏清玩』四字篆书款，铸后精修，刀线深峻，规整有度。

观斯炉质色皆有文人雅趣，铸工精细之余，器型渐多端庄之气，铜质亦符合盛世用料，为清早期文人世家铸炉之风范，以此断之不至有误也。

玉堂清玩

马槽炉数量稀少、品质大多上乘，
年份大多集中在清早期以前，
兼之型制符合文人方正气节，因而追逐者众。

鉴赏马槽炉，
特别讲究型制刚正方直但直而不僵，
线条笔直流畅，仪规森然；
小足小耳、流线平行。

断代马槽炉，则多看腿四足、双耳、口壁。
明代四足扁矮小巧，后期逐渐高厚；
明代双耳轻盈灵动，后期逐渐阔大；
明代口沿薄而不细，直壁向下，
后期逐渐增厚，甚至清中期出现了折沿；
明代整体形制文雅俊秀，后期逐渐高大厚笨。

玉堂清玩款马槽炉

长度：九·五 厘米
宽度：七·二 厘米
高度：六 厘米
重量：一一七九 克
款识：『玉堂清玩』四字篆书款
年份：明晚期

斯炉为罕见之明代马槽炉之代表，
炉身扁矮、四壁薄匀，四足及双戟耳小巧；
炉腹素里毛膛，显明炉风范；
铜质为明晚期流行使用的水红铜，柔软绵密，
常生红斑绿锈，光照下精光含闪，凝视久之不厌。

斯炉款识为经典明代金石刻工，繁方篆书精刻，
有别于同类清代者，别具古拙风味。
如前所述，玉堂清玩款识之宣炉年份和品质跨度极大，
从明代到民国，从文房至宝到民间俗物，皆有此款之炉，
且书法刻工各异，变化很多。斯炉玉堂款识写法殊且美，
当为年份最佳最美之玉堂款炉。

斯炉出自江苏盐城，物主称祖上亦藏炉，
曾得顶级马槽炉一对，
百年前分家于后代兄弟二人，此炉即为其一。
百年来日夜礼佛，
动乱年间曾埋于田头避劫，终于盛世得见天日。

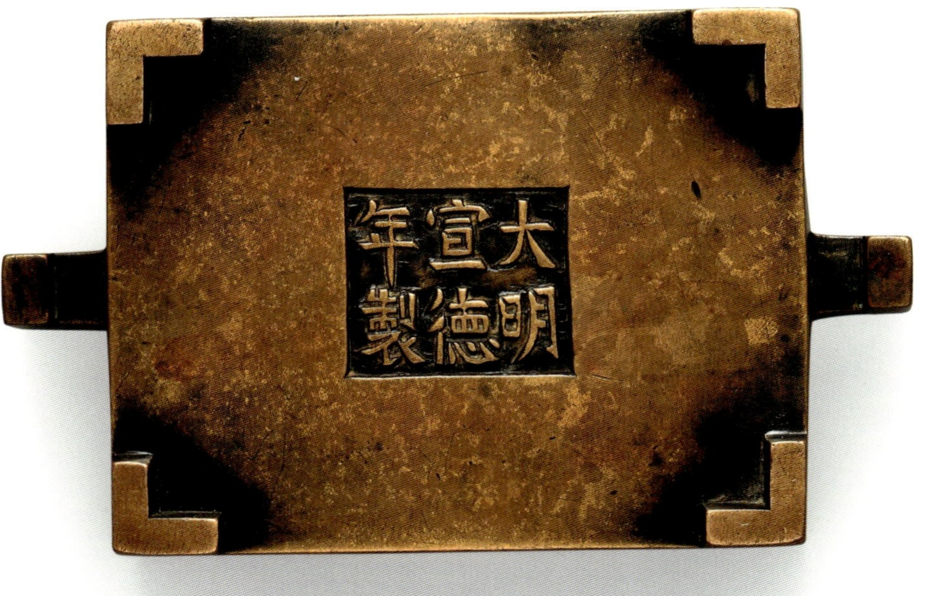
大明宣德年製

马槽多私款。

马槽炉和其他宣炉，

有个特别大的款识上的区别，

盖因马槽炉由文人定制的占比极高，

上品马槽炉十之八九均为私款，

剩余一二则为清早期以后的宣德铁线篆、

宣德繁方篆、

沈度风格宣德楷书款等；

至于高品质的明式乃至明代马槽炉，

明代书法风格的宣德楷书款者极少。

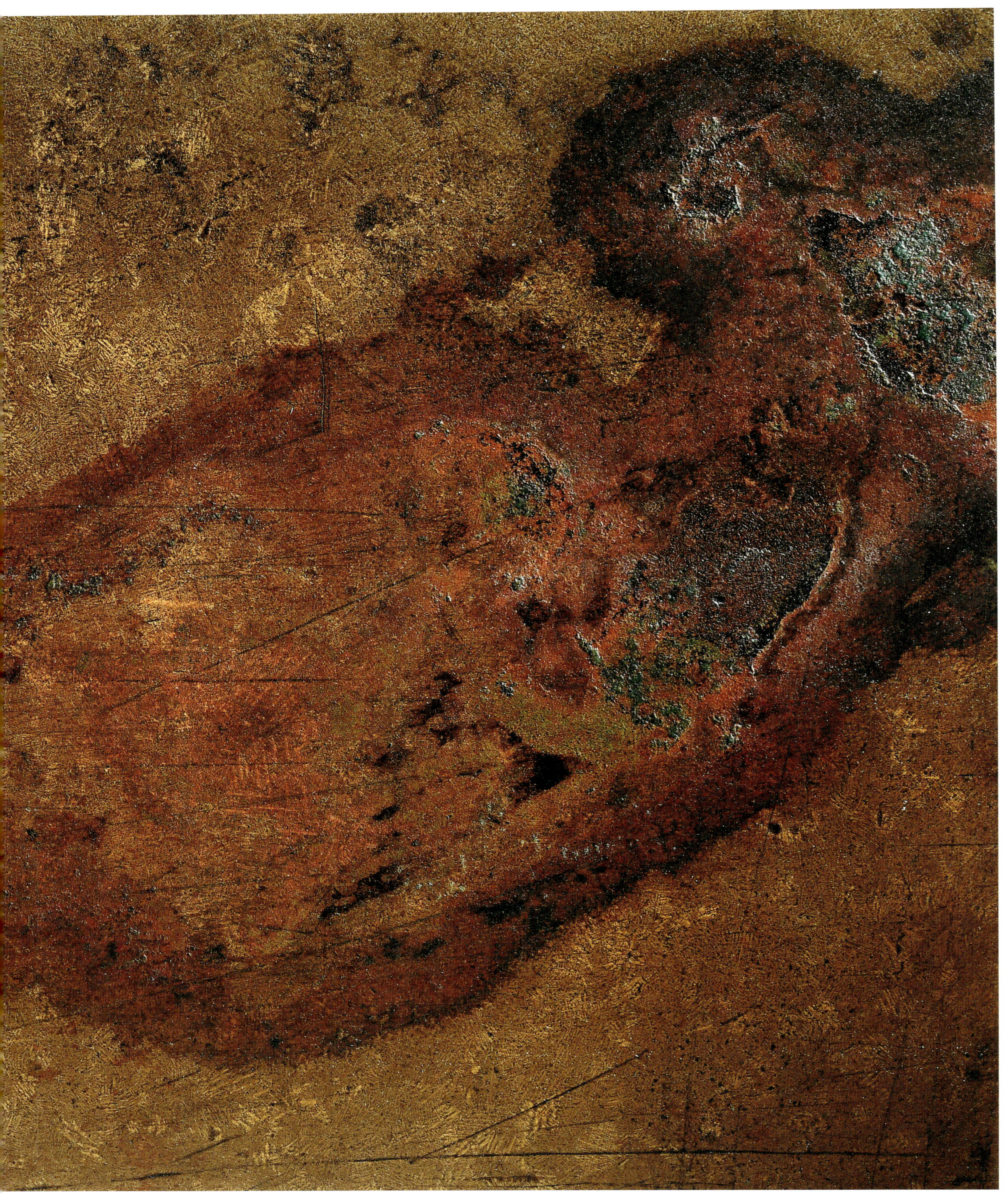

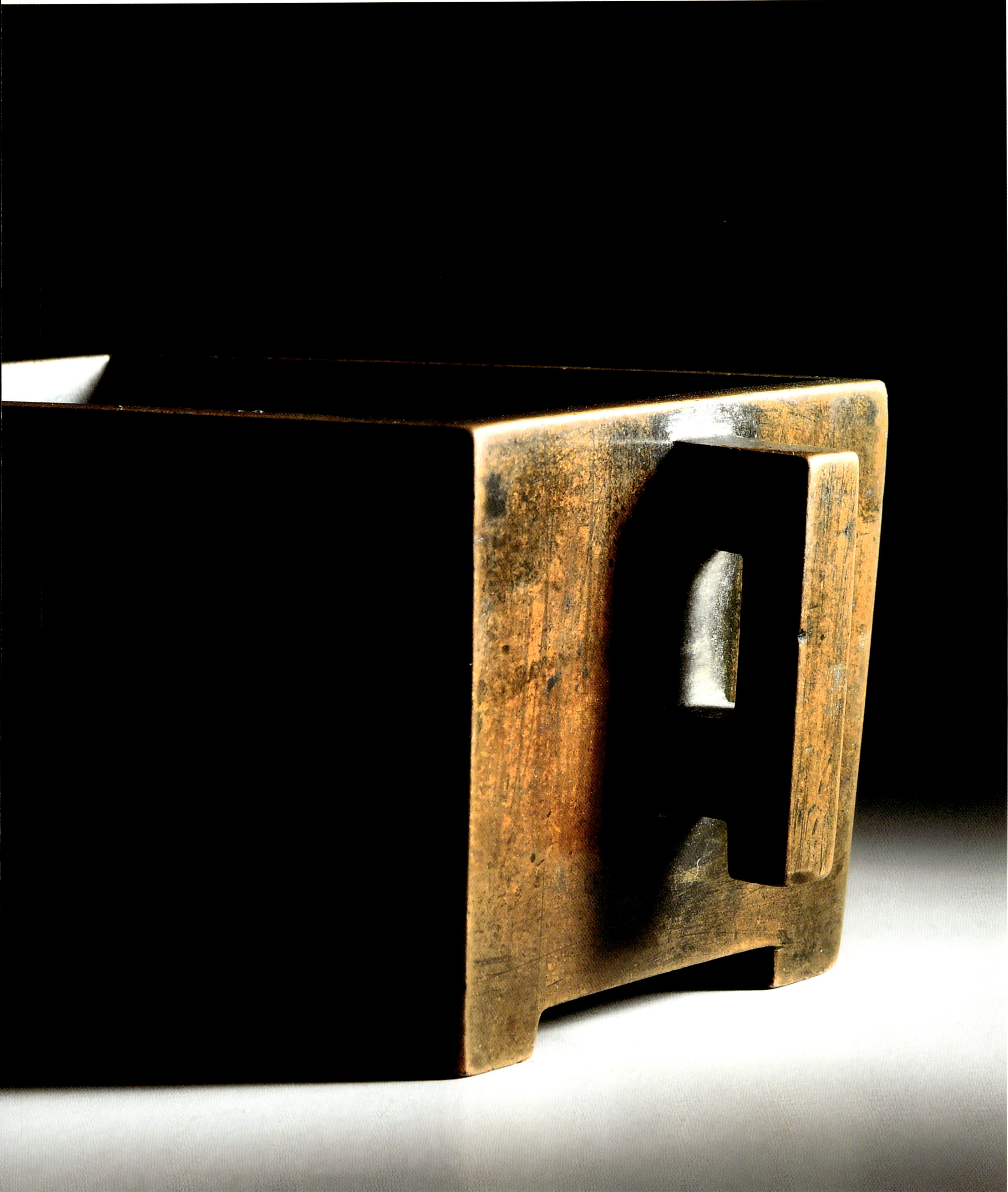

宣德六字款马槽炉

长度：九·三厘米
宽度：七·三厘米
高度：五·七厘米
重量：一二四二克
款识：『大明宣德年制』六字楷书款
年份：明晚期
出版：《辨物：崇祯时期的宣德炉》
第一一六至一一九页，文物出版社，二〇一九年。

斯炉精黄铜所铸，方口平唇，腹体长方，上部略阔，下部微狭，各侧均为等边梯形，令四壁皆倾，更具向上之气势，腹两侧对称方戟耳，随壁而斜，如生双翼；平底镜面打磨，四角承四矮折板足，足底露铜，金黄璀璨，足见萃炼之纯；底部居中开框，手刻罕见的晚明风格『大明宣德年制』六字楷书款，结字硬朗，笔力遒劲，风格飘逸；内膛皴麻，久历炉火，外皮棠梨，内含耀斑，若云霞掩红日，妙不可言。

马槽炉确定入明者罕见，入明且为明代宣德楷书款者，唯此一件。

浣竹主人款马槽炉

长度：九·二厘米
宽度：七·二厘米
高度：五·八厘米
重量：一二六五克
款识：『康熙壬寅春制浣竹主人 太史』
十二字篆书款
年份：清康熙元年（一六六二年）

斯炉可谓文房马槽炉之王。
炉形类似王老藏『湛氏之炉』，较常见者体量略小然极重，
造型方正庄重，两侧置戟耳，底出四矮足，
各面皆为等边梯形，规整稳重；
皮色红栗泛紫，年久温养，呈现镜面光泽；
铜质细糯软腻，掐手质感，为明末清初最为精纯水红铜，
凡多次精炼方可铸出此等高器。

斯炉款识特色卓著，大片留白篆书，錾剔刀刻，冷俊硬朗。
款识为年号款及纪年款之宣炉非常罕见，然经典炉形皆有，
唯马槽炉带年号者，仅有两例。
一为王老的『大清康熙年制燕台施氏精造』，为年号款马槽炉；
一为斯炉，为独一无二之纪年款马槽炉。
同为康熙炉，与王老的年号款马槽炉不同，
其纪年款精确到年，兼有藏家等文人资料，更具考证和文化价值。

马槽炉大多品质卓越且年份不错，然至今未见确切入明之纪年款。
斯炉可谓有明确纪年的最早年份之马槽炉，
另值得对比的名炉为王老所藏顺治纪年款冲天耳炉，
款识为『大清顺治辛丑郵中比丘超格虔造供佛』，
更具类似性：一为年份相近，只差一年，
一为康熙壬寅（一六六二年），一为顺治辛丑（一六六一年）；
二为书法风格极其类似，均为大方浅刻，
工精字佳，疏朗明快，章法严谨，款识布局均为大块长方体开框，
大胆着意留大量空白，不着一字，构思惊奇精巧；
三为内容，均非凡细致，精确至人及用途，美款之巅峰也。

斯炉更为难得在于底部『双款』，
留藏炉人名号『太史』小章于大款左下。
太史者，明末清初特指入翰林院之正二品以上文官也，
可见藏者地位尊崇。
底部大小双款及多款炉颇罕见，平生所见不过数例，
其中明代崇祯纪年款如意耳炉亦为难得之品。

六十年一甲子，今二〇二二年又为壬寅年，
时光流转，三百六十周年转瞬而过。
浣竹主人未知哪位高贤，早归道山，唯余斯炉为念。
今以此为号，聊寄对先贤仰慕追随之意。

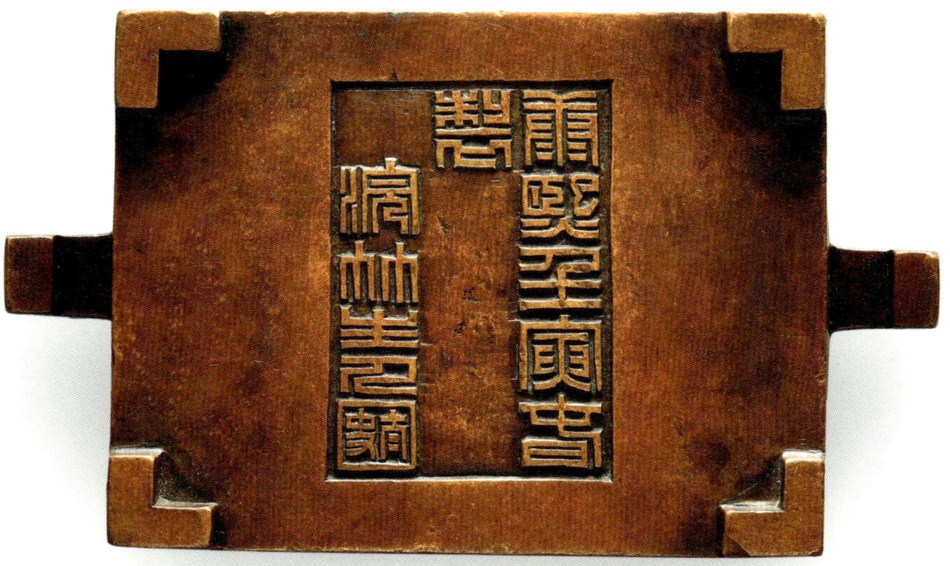

筒炉

（二三〇至二五五）

筒炉，也称法筒炉，以炉身作筒状而名，
器身与口径比例相若，大方简练。
筒炉器型自宋代即见于瓷炉，
《宣德彝器图谱》中有此类器型之记载；
至清代盛行仿古之风，筒炉在清三代宫廷铸炉中亦较流行。

筒炉细分品类不少：三元筒炉、九思筒炉、兽耳筒炉、如意耳筒炉等等，
尤以素筒炉最为型制简洁、清雅优美，历来为文人雅士珍爱。

清初文人张潮推崇宣炉，曾有叹言：

「物之佳者，或以人名，或以地名，或以代名，
名虽不同，其为物之佳则一也。
如时之壶、哥之窑、张之炉、顾之绣，皆以人名者也；
如并州之剪、蒙山之茶、歙州之砚、湖州之笔，皆以地名者也；
至于商彝、周鼎、秦玺、汉碑，则以代名者矣。
夫以一物之微，而致烦一代之名名之，及其久也，
代已亡而物尤不朽，岂物以代重耶？
抑代以物传耶？
有明三百年间，物之佳者不可胜数，而宣炉一种，
则诚前无所师，后莫能继，岂非宇宙间一绝妙骨董乎？」

真宣不见，后世慕名之作，不乏经典绝伦制品，其顶尖者，绝大多数深符宣炉的审美主旨——简练素雅，纯以曲线胜。王世襄王老是宣炉文化的挖掘者和发扬者，其极喜宣炉，即因宣炉之简练。王老的忘年交田家青回忆，王老爱简洁厌繁琐。晚年下馆子应酬，一盘菜端上来，他会情不自禁地把装饰用的萝卜花挑出去。王老在明式家具十六品中将简练放在首位，足见他对简练的重视。

云千重 水千重
身在千重云水中
月明晚收筒

头未童 耳未聋
得酒犹能双脸红
一尊谁与同

康熙款筒炉

口径：十·六厘米
高度：八厘米
重量：一七九七克
款识：『康熙癸丑夏月望子家藏』十字篆书款
年份：清康熙十二年（一六七三年）

简练不同于实用意义的少，而是用简洁克制的形式把内容的精髓传递出来，达到最佳的审美效果。斯炉即为宣炉极简巅峰之作——曲线之简、起伏之妙，有如风吹水面，微波泛起、柔和自然。

斯炉周身光素，通身栗壳色原皮；
水红铜精炼，露铜处金光灿灿，器沉压手、单手难托；
平口矮身，直壁匀称，近底处微微内倾，
与圆弧底相接并顺势出三乳足，炉身与底足过渡自然，一气呵成；
内膛修整细致，可见精密弦纹；
底部镜面处理，中央大幅开竖向长方框，
精刻『康熙癸丑夏月望子家藏』篆书款，
双列各五字排列，结体有度，规整大气。

斯炉铸造于清康熙十二年（一六七三年），
为典型明代风格的明式炉。

据查，以『望子』为字者，或为明末清初大学者朱陵。
朱陵，字望子，号亦巢，江苏长洲人（今苏州）；
生于明万历四十一年（一六一三年），卒年不详。

虽然未有朱陵去世的具体年份资料，
然其作品《亦巢诗草》被中国社会科学院文学院所藏。
《亦巢诗草》载：『诗分七言古、五言律、七言律诸体，
起崇祯十三年，迄康熙二十八年。
其诗内容，一曰自述身世，《壬戌新年自慰》曰：
七十今年值，犹然似昨非。』
可见朱陵在清康熙二十八年（一六八九年），
七十六岁高龄时仍有作品，
斯炉则为其六十岁一甲子大寿时定制。

史料记载，朱陵为大思想家吕留良的外甥，
亦为明末大儒，与诸多名士如万寿祺、王时敏、龚鼎孳、
徐崧、姜垓、陈子龙、沈士柱等交往密切。
朱陵诗才高妙，除《亦巢诗草》传世，画才同样出色，
山水得黄公望笔意，亦善画古木竹石，有《朱望子山水画册》传世。
明末清初改朝换代，许多文人忠于前朝，
拒为清廷效力，朱陵便是其中之一，
入清后隐居苏州半塘寺，寄情于诗画，与高僧澹归相交数十年。

筒炉存世量本稀，珍品更是难觅；
书康熙纪年款之炉则世间稀有，存世不超十座，皆为绝品；
斯炉不仅为筒炉中之珍品，又为康熙纪年款，且出处尚属可寻。
此三项中能得其一便已万分不易，更何况集于一炉，
堪为康熙宣炉研究之标杆杰作，
兼具器物、历史、文化等多方价值，实属可遇不可求。
昔年拍场一出，余心中属意，势在必得，
后以高价拍得，并当夜改诗以记之：

宣炉购藏或各类古玩购藏，当有『四力』，方可大成。

一是当有眼力，自身能看懂并有专业且可靠的挚友参谋；

二是当要有魄力，遇到好炉当以明天的眼光看当今，毫不犹豫拿下；

三是当有财力，有雄厚的资金投入方能构建齐全的收藏体系；

四是当有持久力，以十年、二十年乃至一生为考量进行收藏和投资，而非一时热度。

那些看不懂古物又看不懂人性，纠结投入又朝秦暮楚的收藏者，只是过江之鲫，转瞬即逝。

宣炉有北铸南铸、京造苏造之分，均有大炉坊代表。
崇祯八年的《帝京景物略·卷四》：
『城隍庙市』记载：『宣铜，炉其首，
炉之制有辨焉，色有辨焉，款有辨焉……伪造者，
有北铸，嘉靖初之学道，近之施家。』
清初《沈氏宣炉小志》记载：『炉厚且重者，如施家北铸。』
『施家北铸，极意仿宣，间有质高火到而款色俱佳者，
亦自令人惊心动魄。』

施家是京城铸炉大作坊，工艺精湛，出品上乘，
铸炉时间绵延明晚期，明末清初，清早期，
超过百年，铸炉者不止一人，亦非一代。
流传至今的施家炉余见真品者不下数十：
崇祯纪年款施家如意耳炉、王老旧藏康熙年号款施家马槽炉，
乾隆纪年款施家冲天耳炉以及『施家古制』、
『燕邸施制』等等多款私家款炉均为施家历代匠人精工所铸。

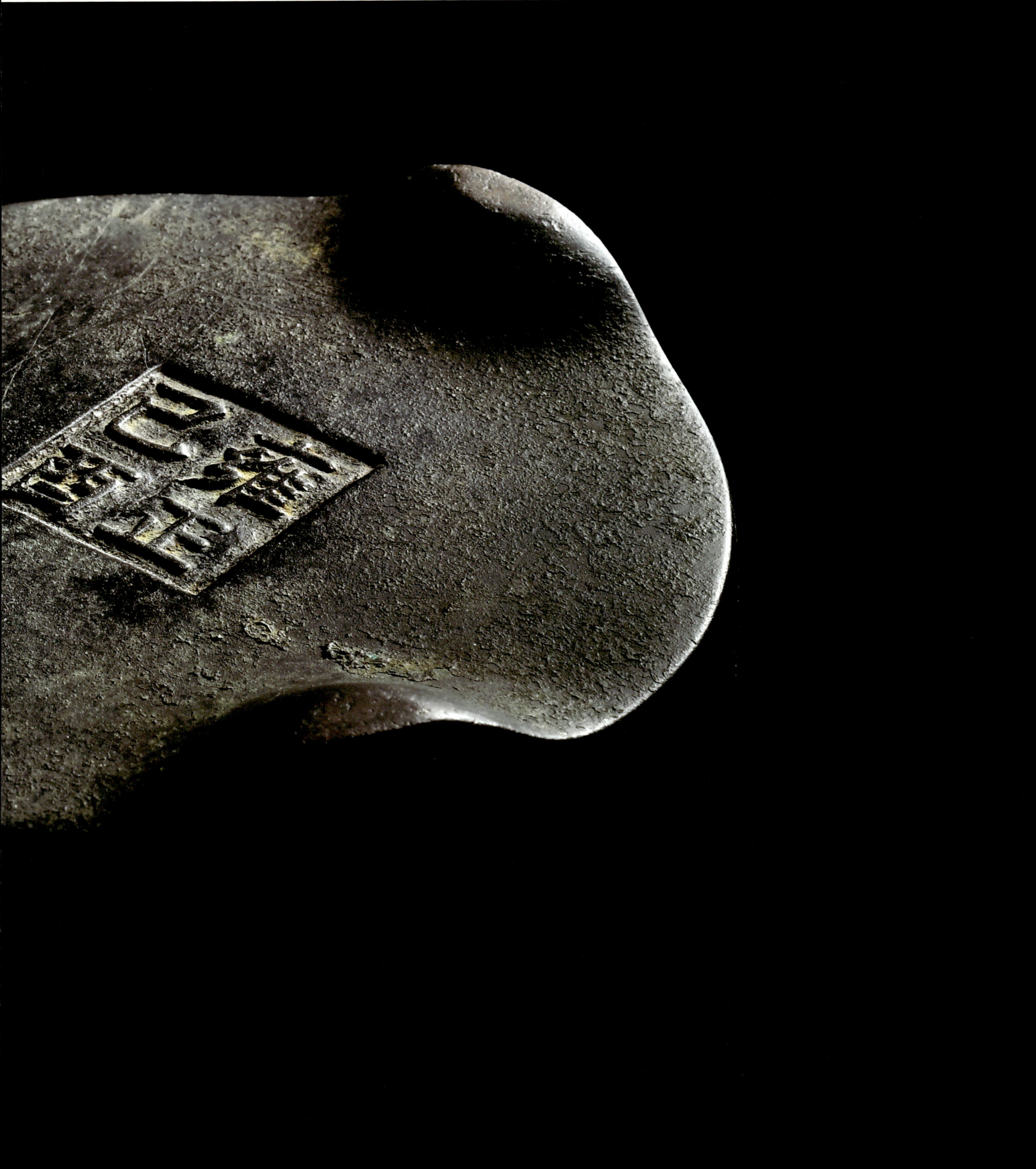

雍正款筒炉

口径：十·六 厘米
高度：八·三 厘米
重量：一四八四 克
款识：『雍正己酉』四字楷书款
铭文：刘俊人制 燕城施造
年份：清雍正七年（一七二九年）

斯炉为施家炉代表作品，更难得为雍正纪年款炉。年号款和纪年款到代者为各朝宣炉标准器，具有极高价值，但此类宣炉数量稀少，雍正款宣炉更是极稀。究其原因，改朝换代和禁铜令的影响不容忽视。康熙十八年（一六七九年）禁铜，禁止打造重量超过五斤的铜器，雍正初年实行更为严厉的政策：既禁止打造铜器，又强制收买现有铜器，『京城内外除三品以上官员不准用铜器，令将所有悉行报出当官价收买』。实则将铜器的使用权所有权限制在了宫廷及高官手中，宫廷炉制和达官贵人的私铸并未禁绝，只是愈加稀少珍贵。

雍正
己酉

斯炉原生态绿皮，通体薄锈，斑驳气韵，拙古沧桑；
铸刻规整，高矮合度，较前一炉有上拔与增厚之势；
炉身厚重，铜质精纯，在铜料禁缺的雍正时期属稀见之器，
亦代表清代风格开始形成；
炉口平正，筒形腹，腹壁略厚，微斜下收；
炉底随形出三乳足，与炉身浑然一体。
整炉不加矫饰，唯以端庄素雅的器型和铜质见长，
圆润饱满的器口与挺拔的线条形成直与圆、刚与柔的鲜明对比，
整个造型端庄沉稳，丰而不腴，甚合雍正时期的宫廷审美情趣。
斯炉外款内铭，外纪年款，内铸造者施家，更称独一无二。
底外款『雍正己酉』为雍正七年，皇帝登基日久，
始设军机处独揽大权；底内刻铭文两行『刘俊人制、燕城施造』，
注明了铸炉工匠、铸造地点和施家炉的品牌。
清故燕城位于京郊，现在怀柔区范各庄附近。
有言斯炉或为清宫造办处在宫外定制之器，姑且听之，未有铁证。
斯炉于纽约苏富比高价拍得。
是类孤品，一经发现不得旁落也。

大清
雍正
年製

清雍正帝在位时间虽短，超凡脱俗的修养与品味成就了雍正朝独有的艺术风貌，对清代宫廷作器的审美影响颇为深远，于宣炉铸造亦不例外：轻灵清雅、简洁协调，内敛深邃、文雅之至。

从文献记载及清宫旧藏雍正款宣炉可知，雍正朝宫廷铸铜从未停止，雍正帝还亲自过问并修改样式。如《清档》记载：『雍正四年八月初八日铜作，郎中海望持出铜双螭耳罐一件。奉旨：照此罐款式做宣铜的二件、银的二件，螭耳改夔龙式，钦此。于十二月初三日做得银罐二件，……初四日做得宣铜罐二件……』《清档》还记载，宫中除铜作外，雍正五年还专设铸炉作，历年皆有宣铜器铸成，雍正本人对铜炉烧制亦甚上心。故此期宫廷宣炉虽极少见，质量却极高。

大清雍正年製

雍正款九思筒炉

口径：九・二厘米
高度：八・八厘米
重量：九二六克
款识：『大清雍正年制』六字楷书款
年份：清雍正

斯炉为雍正宫廷宣炉之经典代表。
素身简约，线条刚中见曲，洗练干脆，增一分则拙，
减一分则陋，符合雍正制器『线条美』之誉。
筒式炉身，浑圆宏阔，以上、中、下三组，
每组三道立体凸出的弦纹装饰；
近底处承三马蹄足，远较寻常者粗壮有力；
『大红袍』原始敷色，高贵典雅，
与凝穆铜色形成对比，装饰效果极强；
炉底设圆形突出而中部内凹开框，
精铸『大清雍正年制』六字楷书款。

细察此款，非刻乃铸，铸造工艺精绝，笔画清新艳丽，
书法风格既不同于其他宣炉之宣德款，亦有别于故宫其他雍正款，
而颇为类同于雍正朝珐琅彩瓷器款识。
此铸之风何解？是否与同朝珍宝之珐琅彩瓷器为同一人写款？
历史文化之趣，有待考证。然则斯炉档次之高，可见一斑。

斯炉为九思炉。
『九思』出自《论语季氏篇第十六》，
孔子曰：『君子有九思，视思明，听思聪，色思温，
貌思恭，言思忠，事思敬，疑思问，忿思难，见得思义。』
孔子以『君子有九思』把君子的言行举止各方面统加考虑，
要求自己和学生们一言一行认真思考和自我反省，
包括个人道德修养的各种规范，
温、良、恭、俭、让、忠、孝、仁、义、礼、智等。
古人托物言志，宫廷书房中置斯炉，
抑或是生性刻薄急躁的雍正帝在提醒自己：
多思而后行，朝乾夕惕，未可轻莽。

赏珍

花式炉

（二五六至二七〇）

宣炉开铸以来以素为美，
简练高雅的素炉占据了宣炉创作、使用、收藏、鉴赏的主流，
至清康熙中晚期开始，国力日渐强盛，
社会经济发展，人民生活富足，
官方和社会审美逐渐变化，
宣炉造型在简练基础上创新扩展，
花式炉在一定程度上渐渐流行；
特别是乾隆朝开始，奢靡之风下推陈出新，
一些浮雕、鎏金、点金、镂空、纹饰、仿生制品大行其道，
得到世人特别是富豪和平民阶层的喜爱。
这些花式炉不为传统宣炉造型所约束，
风格奇特、造型多样，满足了当时社会各阶层的审美追求，
也将宣炉文化推至历史上最后一个高潮。

熏炉是古代用来熏香的炉子，最早最知名的就是汉代的『博山炉』，明清两代的铜质熏炉从广义上来说，也属于宣炉一脉，其均配盖，花式炉为多，大器、陈设器为多。

古人讲究香炉终日微火不断。文震亨《长物志》言：『炉中不可断火，即不焚香，使其常温，方有意趣。』焚香的境界在于让香味环屋绕梁，低回而悠长，熏炉正可起到这样的作用。

宣德六字款天鸡耳花式炉

口径：八·五厘米
高度：八·八厘米
重量：七一三克
款识：『大明宣德年制』六字楷书款
年份：清早期

斯炉即为熏炉，原或附高抛木盖。炉身高挺，通体高浮雕缠枝莲纹，同清三代瓷器类似纹饰别无二致，立体感颇强；炉身两侧天鸡耳骄傲神气，顾盼有神；三足壮硕，雕多层如意纹，工艺精细；炉底分档，稳重大方；底部为宣德六字款，沈度体楷书，典型清早期风格。

大明宣德年製

鎏金天鸡耳花式炉

口径：七厘米
高度：八·二厘米
重量：四五〇克
款识：无款
年份：清早期

斯炉亦为熏炉，通体鎏金，金水饱满；同一炉身带两种五只瑞兽，两天鸡卧腹，三猛狮托足，五只兽首皆纤毫毕现、威猛异常；炉身同样高浮雕缠枝莲纹，口沿饰以回纹。

斯炉具康熙盛世威猛刚正气息，小器大样，官气十足，或为宫廷用物。

永宝款象耳衔环花式炉

口径：十·八厘米
高度：十·二厘米
重量：八〇一克
款识：『永宝』二字篆书款
年份：清早期

斯炉亦为熏炉，带原配木座；
一体铸三高足，为龙吞口造型，延长卷曲触地；
炉体环圆，满雕『佛家八宝』图案；
炉身两侧起象耳，昂首挺立、
象鼻高耸，口衔固定圆环；
束颈圈口，口沿饰以回纹；
炉底阴刻『永宝』二字篆书，
银钩铁画、笔力不凡。
斯炉雕工精细，器型挺拔，
佛教气息浓厚，为难得佛前精工供器。